केंटकी चिकन का स्वाद

प्रियदर्शन मालवीय

राधाकृष्ण प्रकाशन

ISBN : 978-81-8361-960-8

केंटकी चिकन का स्वाद

पहला संस्करण : 2020

मूल्य : ₹395

प्रकाशक

राधाकृष्ण प्रकाशन प्राइवेट लिमिटेड
जी-17, जगतपुरी, दिल्ली-110 051
शाखाएँ : अशोक राजपथ, साइंस कॉलेज के सामने, पटना-800 006
पहली मंजिल, दरबारी बिल्डिंग, महात्मा गांधी मार्ग, इलाहाबाद-211 001
36 ए, शेक्सपियर सरणी, कोलकाता-700 017
वेबसाइट : www.radhakrishnaprakashan.com
ई-मेल : info@radhakrishnaprakashan.com

मुद्रक

बी.के. ऑफसेट
नवीन शाहदरा, दिल्ली-110 032

KENTKI CHIKEN KA SWAD
Stories by Priyadarshan Malviya

‘प्यारी, जगत से न्यारी काकू को’

क्रम

प्रस्तावना

प्रियदर्शन मालवीय उन कथाकारों में हैं जिनके लिए लिखना समाज की सुन्दरता को तबाह करने वाली चीजों के विरुद्ध कार्रवाई है—सामाजिक हस्तक्षेप। इसीलिए उनकी कहानियाँ प्रायः मनुष्य-विरोधी शक्तियों का प्रत्याख्यान उपस्थित करती हैं। इस सन्दर्भ में हम यदि उनके कहानीकार के रचनात्मक विकास की बात करें तो *केंटकी चिकन का स्वाद* में वह अपना बेहतर मुकाम हासिल करते हैं। इस किताब में सम्मिलित कहानियाँ उनकी मौजूदा यथार्थ के प्रति अपने रचयिता की जागरूकता को साबित करती हैं तो वे एक कलारूप में भी अपनी सतर्कता को प्रमाणित करती हैं। *केंटकी चिकन का स्वाद, जबरा की मार, जोंकें, जाके पाँव न फटे बिवाई, ब्लैक होल, डांस इंडिया डांस* जैसी ये कहानियाँ गहरी प्रतिबद्धता और संवेदनात्मकता को एक साथ साधने का जतन करती हैं।

मौजूदा यथार्थ के विषय में यदि एक सान्द्र टिप्पणी करनी हो तो कह सकते हैं कि हम जिस वक्त में रह रहे हैं उसका मूल चरित्र है लालसा और भोग; जबकि उसके समानांतर बहुसंख्यक आबादी अपनी अल्पतम गुजर-बसर के लिए दुर्धर्ष संघर्ष कर रही है; यही बिंदु प्रियदर्शन मालवीय की ज्यादातर कहानियों का प्रस्थान है। *केंटकी चिकन का स्वाद* में बिग बॉस की पार्टी में अफसर, नेता, पत्रकार, न्यायाधीश, धनपशु सब शामिल हैं और ऐश्वर्यभोग कर रहे हैं तो दूसरी तरफ बुंदेलखंड के किसान भूखे मरने के कगार पर हैं। प्रियदर्शन मालवीय प्रायः प्रतिरोधी चरित्रों का सृजन करते हैं इसीलिए उक्त कहानी में पार्टी में मयंक को केंटकी चिकन में ह्यूमन फ्लेश की गंध आने लगती है।

यह वक्त सफलताओं की पूजा का है; कामयाब ही सार्थक और महान है लेकिन प्रियदर्शन मालवीय अपनी इन कहानियों में तमाम कामयाबियों को प्रश्नांकित

करते हुए विफल लोगों की दास्तान कहते हैं। इतना ही नहीं, वह विफल लोगों के साथ खड़े हैं और उनको प्यार करते हैं। यह इस लेखक का प्रतिपक्ष है; व्यवस्थाएँ जिनको ठुकराती हैं वह उनको गले लगाता है। *जोंकें* का नलिन मोहन जैन, *रोम जब जल रहा था नीरो बाँसुरी बजा रहा था* का अशोक कुमार हो, या *जेके पाँव न फटै बिवाई* का हिटलर मामा अथवा *ब्लैक होल* का राघवानंद–ये सभी सम्भावनापूर्ण थे परन्तु जिन्दगी की दौड़ में विफल हो गए। प्रियदर्शन चरित्रों के निर्माण में लेखकीय तटस्थता अख्तियार करते हुए इन्हें अपनी आत्मीयता सौंपते हैं।

अनायास नहीं होगा कि इस संग्रह की कहानियों के अनेक पात्र मानसिक विक्षेप से ग्रस्त हैं। प्रियदर्शन मालवीय इसको इस रूप में व्याख्यायित कर सके हैं कि ये लोग मनोरोगी नहीं बल्कि शक्ति संरचना के आखेट हैं। सत्ता का दमन और उसकी अनीति इतनी बेरहम हो चुकी है कि उसकी यातनाएँ इनसान की सहजता का अपहरण कर लेती हैं।

—अखिलेश

केंटकी चिकन का स्वाद

"कौन है? सुबह-सुबह नींद खराब कर दी," मोबाइल की घंटी लगातार तीन बार बजने के बाद उसे उठाते हुए मयंक ने कहा। मोबाइल में बिग बॉस का नाम देखते ही वह सकपका गया, गोया बिग बॉस ने सुन लिया हो। 'बिग बॉस' ने सुबह-सुबह क्यों फोन किया? उसने मन ही मन सोचा। फिर मन ही मन उत्तर दिया, "जरूर कोई जरूरी काम होगा?"

"गुड मॉर्निंग सर," उसने नार्मल होते हुए कहा। वह बेड पर खड़े-खड़े ही बात करने लगा।

"वेरी गुड मॉर्निंग। कैसे हो मयंक?"

"ठीक हूँ।"

"गुड। देखो मयंक, दो जरूरी बातें हैं इसलिए तुम्हें सुबह-सुबह फोन किया। पहली बात, चित्रकूट में जो यह असामयिक वर्षा कहर की तरह बरसी है, उस पर तुम्हें स्टोरी कवर करनी है। मुझे इसके लिए तुमसे उपयुक्त कोई और नहीं नजर आता। तुम इसे थोड़ा साहित्यिक पुट देते हुए कवर करो," सम्पादक एक ही स्वर में बोल गए।

"सर," मयंक ने अभी इतना ही कहा था कि सम्पादक ने फिर बोलना शुरू किया, "दूसरी बात आज मेरी ट्वेंटी फिफ्थ मैरिज ऐनिवर्सरी है। शाम को इसकी दावत है, तुम्हें आना है। समय पर आना है," सम्पादक ने बात खत्म की।

मयंक के मन में लड्डू फूटे, एक नहीं दो नहीं, दनादन कई लड्डू फूटे। बिग बॉस ने उसे ही इस लायक समझा, फिर उसको साहित्यिक पुट देने की पूरी छूट दी है, यानी सोने पर सुहागा।

"स्टोरी की शुरुआत धाँसू की जानी चाहिए।"

"नहीं, धाँसू नहीं एकदम सीधी-सादी। आखिर सादगी में भी सौन्दर्य होता है।"

"जो भी हो, शुरुआत एकदम साहित्यिक होनी चाहिए।"

'हे ग्राम देवता नमस्कार' से इसकी शुरुआत होनी चाहिए, नहीं 'भारत माता ग्रामवासिनी खेतों में फैला है सुन्दर'। मगर ये उद्धरण तो हिन्दी के हैं, इनका रोब नहीं पड़ेगा, क्योंकि हिन्दी को तो हमारे समाज में अयोग्यों की भाषा माना जाता है। इसलिए लेख की शुरुआत अंग्रेजी के किसी उद्धरण से होनी चाहिए। उसने अपने दिमाग पर जोर डाला तो उसे अंग्रेजी कवि गोल्ड स्मिथ की 'डेजर्टेड विलेज' कविता याद आई।

लेख की शुरुआत गोल्ड स्मिथ की कविता डेजर्टेड विलेज से होनी चाहिए।

'नहीं-नहीं, भारतीय किसान कर्ज में पैदा होता है और कर्ज में मर जाता है,' इस कथन से शुरुआत होनी चाहिए।

चार्ल्स इलियट, जो गवर्नर जनरल की काउंसिल का सदस्य था, के कथन से होनी चाहिए कि 'मुझे यह कहने में जरा भी हिचक नहीं है कि भारत की कृषि आबादी का आधे से ज्यादा हिस्सा यह नहीं जानता कि साल की शुरुआत से लेकर उसके आखिर तक भर पेट भोजन क्या होता है? क्या आज भी ग्रामीण भारत का यथार्थ इससे भिन्न है?' इसी उधेड़बुन के बीच मयंक नित्य क्रियाओं से फारिग हुआ। पूरे समय मयंक अन्दर ही अन्दर एक गेंद की तरह उछलता रहा। उसे ऐसा लग रहा था कि वह जमीन से थोड़ा ऊपर चल रहा है। 'जमीं पे रहकर दिमाग आसमां से मिलता है', वह बिलकुल ऐसा ही महसूस कर रहा था। सम्पादक ने सीधे उससे बात की और स्टोरी कवर करने के लिए कहा। स्पष्ट है, उसकी योग्यता को पहचाना गया।

2

मयंक जब छपरौला गाँव पहुँचा, गाँव में स्यापा-सा पड़ा था। बेमौसम की बरसात ने गेहूँ, जौ और सरसों की फसल को पूरी तरह से बर्बाद कर दिया। गाँव में चौतरफा गमगीन माहौल का सन्नाटा पसरा था। एक बार फिर आसमान से ओला व बारिश के रूप में आफत बरसी। खेतों में कटने के लिए खड़ी करोड़ों की फसल चौपट हो गई। किसानों में हाहाकार मचा हुआ था। इस तबाही से आहत किसान कुछ बोलने की स्थिति में नहीं थे। सुबह से कई परिवारों में खाना नहीं

बना, न ही किसान खेत की तरफ गए। सबसे बुरी बात यह हुई कि बारिश तब हुई जब फसल पूरे शबाब पर थी। हालाँकि इस मौसम में कभी-कभार हल्की-फुल्की बरसात हो जाती है, पर इस तरह की भीषण बरसात और तेज हवाओं को उम्रदराज किसानों ने भी अपने जीवन में पहली बार देखा था।

"मैं साठ का हो गया हूँ, पर ऐसी तबाही मैंने पहले नहीं देखी," गाँव के सरपंच जगदीश ने कहा।

"अब तो फसल कटाई के लिए भी किसान को अपनी जेब ढीली करनी पड़ेगी, एक एकड़ में एकाध क्विंटल गेहूँ था जो निकल आए तो गनीमत," खेत की मेंड़ पर माथे पे हाथ रखकर बैठे रामकिशन ने कहा। चिथड़े में लिपटा रामकिशन इतना कृशकाय था कि ढाँचा मात्र लग रहा था। उसके चेहरे पर वर्षों की निराशा, गरीबी और दैन्य ने गहरी झुर्रियाँ डाल रखी थीं। वह खेतों के बीच माथे पर यूँ हाथ रखे बैठा था गोया अपने हतभाग की विवशता दिखा रहा हो। मयंक को सहसा वानगॉग की पेंटिंग्स से किसान की याद आ गई। वैसे ही बिवाई फटे पाँव, वैसी ही चेहरे पर झुर्रियाँ, वैसी ही लुच्ची लगाए खेतों के बीच बैठा वह निराश-उदास किसान।

मयंक खेत-दर-खेत और गाँव-दर-गाँव तबाही का मुआयना करता जा रहा था, जैसे-जैसे वह मुआयना करता जा रहा था उसकी मायूसी और उदासी बढ़ती जा रही थी, उसका दिल बैठा जा रहा था। विधि के इस निष्ठुर एवं करुणाहीन स्वरूप से उसका सामना पहली बार हो रहा था। "जिनका नुकसान हुआ है उनको मुआवजा तो सरकार देगी ही," मयंक ने साथ चल रहे, बालसखा एवं स्थानीय एस.डी.एम. से पूछा।

"चूँकि बे-मौसम बरसात तय पैमाने से कम हुई है, लिहाजा केन्द्र से कोई भी मदद नहीं मिलेगी। हाँ, सूबे के खजाने से ही इन्हें मुआवजा मिल सकता है," एस.डी.एम. ने बताया।

"तो यार इन्हें जल्दी से मुआवजा दिलाओ," मयंक ने एस.डी.एम. से कहा।

"हाँ, मगर इसमें भी एक पेच है," एस.डी.एम. ने कहा।

"क्या पेच है?"

"जी. ओ. (गवर्नमेंट ऑर्डर) आया है कि जिन किसानों को पिछली फसल के नुकसान का मुआवजा दिया गया है, उन्हें दोबारा नुकसान का मुआवजा नहीं दिया जाएगा।"

"यह तो बहुत ही गलत है, बहुत से किसान ऐसे भी होंगे जिनकी पिछली फसल भी खराब हुई होगी और इस बार भी उनकी फसल तबाह हुई होगी," मयंक ने कहा।

"जरूर हुई होगी," एस.डी.एम. साहब बोले।

"सरकार को चाहिए कि वह मौसम के लिए एक जीओ जारी करे कि वह लगातार दो फसलों को खराब न किया करे।"

"सूचना है कि मौसम अभी और खराब होगा," एस.डी.एम. ने कहा।

"प्रकृति इतनी निष्ठुर कैसे हो सकती है। हम तो प्रकृति को करुणाशील मानते आए थे," मयंक ने कहा।

"प्रकृति न तो निष्ठुर होती है न करुणाशील, वह बस होती है। फिर डीन इन्ग ने सही कहा है कि सताई हुई धरती अपनी तरह से बदला लेती है," एस.डी.एम. ने फिर कहा।

"हाँ, मगर जो सताते हैं प्रकृति उन्हें तबाह नहीं करती, तबाह वह होते हैं जो इस मामले में निर्दोष होते हैं," मयंक ने कहा।

"हाँ, ये सही है, मगर प्रकृति कोई तार्किक सत्ता तो है नहीं जो तर्क से काम करे," एस.डी.एम. बोला।

"मगर यदि यह ईश्वर का अंश है तो इसे इतना तार्किक होना ही चाहिए," अब मयंक की बारी थी।

"देखो, पहली बात तो ईश्वर है भी या नहीं, फिर यदि ईश्वर है तो वह भी कौन तर्कयुक्त है, उसके ही कार्य कौन तर्कपूर्ण होते हैं!"

"हापकिन्स नामक कवि ने, जो एक पादरी भी था, प्रश्न उठाया ही है, 'वेन गॉड इज इन हिज हैवेन, व्हाय दस इविल प्रॉस्पर,' यदि ईश्वर अपने स्वर्ग में है तो फिर दुष्ट क्यों फलते-फूलते हैं?" मयंक बोलता रहा।

"हमारी बातचीत गरिष्ठ नहीं हो रही है?" एस.डी.एम. ने कहा।

"हो तो रही है और फिर इसकी यहाँ कोई बहुत प्रासंगिकता भी नहीं, इसलिए हमें इस चर्चा को बन्द कर देना चाहिए," मयंक ने कहा।

जरूरी काम का बहाना करके जल्द ही एस.डी.एम. ने मयंक से रुखसत ली, मगर वह गाँवों में घूमता रहा। घूमते-घूमते थकान से ज्यादा वह गमगीन हो गया। मयंक एक संवेदनशील पत्रकार है जिसके लिए पत्रकारिता मिशन है समाज में व्याप्त बुराइयों को दूर करने का, जैसा कि गणेश शंकर विद्यार्थी के

लिए था, रामानन्द चटर्जी के लिए था। वह उन पत्रकारों में नहीं है जिनके लिए पत्रकारिता सिर्फ एक व्यवसाय है जिसके द्वारा ज्यादा से ज्यादा सुख-सुविधा इकट्ठा की जा सके और ज्यादा से ज्यादा धन कमाया जा सके।

वह इस बात से मायूस था कि आजादी के इतने दशक बाद भी हम किसान को दुर्भिक्ष और भूख से आजाद नहीं कर पाए। हमने इन सालों में उसे मौत की ओर ढकेला है। किसान आत्महत्या कर सकता है यह हमारे आजाद भारत की परिघटना है। इसके पहले यह सोचा भी नहीं जा सकता था। इस खेती और किसानी के क्या मायने हैं? हमें इन खेतों को जला देना चाहिए।

जिस खेत से दहकां को मयस्सर न हो रोटी
उस खेत के हर गोशा-ए-गंदुम को जला दो।

फ़ैज़ का शे'र मयंक के मन-मस्तिष्क में उमड़-घुमड़ करने लगा।

3

"लड़की कमाल की, अँखियों से गोली मारे," मयंक के मोबाइल की रिंग टोन बजी। मयंक ने फोन उठाया।

"बिग बॉस की मैरिज ऐनिवर्सरी में नहीं जाओगे क्या?" दूसरी तरफ राजेश था।

"व्हाय नॉट, क्यों नहीं, क्यों नहीं, अवश्य जाऊँगा," मयंक ने कहा।

"आना जरूर। सुना है कि बिग बॉस ने केंटकी चिकन की व्यवस्था की है और केंटकी चिकन का क्या फैंटास्टिक टेस्ट होता है, लाजवाब!"

"आऊँगा, जरूर आऊँगा।"

"कब तक आओगे?" राजेश ने पूछा।

"अभी तो मैं चित्रकूट में हूँ, समझ लो मैं सेवेन ओ क्लाक तक पहुँच जाऊँगा," मयंक का जवाब था।

"जल्दी आओ ताकि राष्ट्रीय कार्यक्रम (तरल-गरल) कुछ इत्मीनान से हो सके।"

"ठीक है, ठीक है, मैं जल्द से जल्द आता हूँ," मयंक ने कहा।

किसानों के घर पर पड़ा कुदरती संकट जिसके कारण किसानों के घर चूल्हा नहीं जला, सरकारी मदद में व्याप्त भ्रष्टाचार और लापरवाही, जनता

के प्रति उपेक्षा भाव ने मयंक को इतना खिन्न और अन्यमनस्क कर दिया कि वह बिग बॉस की मैरिज ऐनिवर्सरी की बात को एकदम से भूल गया था, अब इस आपाधापी और भागमभाग के कारण एकबारगी मयंक के मन में आया कि वह बिग बॉस की पार्टी में जाने का इरादा त्याग दे, मगर वह जानता है कि बिग बॉस अपने व्यक्तिगत मामलों में बहुत टची हैं और बात की गाँठ बाँध लेते हैं।

वह यह उम्मीद करते हैं कि उनके अखबार का छोटे से छोटा कर्मचारी भी उनके व्यक्तिगत कार्यक्रम में अवश्य शरीक हो। उनकी नजर में यह उनके दबदबे का प्रतीक है। मयंक ने घड़ी की तरफ देखा, पाँच बज चुके थे, 'अब तक तो मुझे इलाहाबाद में होना चाहिए था,' मयंक बुदबुदाया। आनन-फानन वह मुख्य मार्ग पर आ गया ताकि वहाँ से कर्बी बस स्टैंड के लिए कोई सवारी मिल सके। उसे तुरन्त सवारी मिल गई और जल्द ही बस स्टैंड आ गया। कर्बी में उसे इलाहाबाद के लिए सीधी बस मिल गई। बस खचाखच भरी थी मगर चूँकि कंडक्टर उसे पहचानता था, इसलिए उसके बैठने का जुगाड़ कर दिया। मयंक महसूस कर रहा था कि उसे बहुत देर हो गई है, तरल-गरल का कार्यक्रम शुरू होने वाला होगा। तरल-गरल कार्यक्रम में शामिल होना उसे रुचिकर लगता है। शराब पीने के बाद ज्यादातर लोगों का अन्तर्मन खुल जाता है और उनका रियल सेल्फ बाहर आ जाता है और ऐसे समय पियक्कड़ों की हरकतें देखने लायक होती हैं, अगर इसे द्रष्टा भाव से देखा जाए तो अच्छा-खासा मनोरंजन होता है। कोई जोर-जोर से बोलने लगता है तो कोई चुनिंदा गालियाँ बकने लगता है, कोई गमगीन हो जाता है तो कोई दार्शनिक। मगर शराब पिये हुए मजूमदार दादा से मिलना एकदम अनूठा अनुभव होता है। कहते हैं कि दादा के शरीर में एक घूँट शराब गई नहीं कि उनकी जिह्वा में सरस्वती का वास हो जाता है। फिर क्या? वे एक से एक ज्ञान की बातें बताते हैं जिन्हें सुनकर नई पीढ़ी जागरूक होती है। पत्रकारिता की दुनिया में मजूमदार दादा ही उसके आइकॉन हैं। मजूमदार दादा से उसके बेतकल्लुफी वाले सम्बन्ध हैं इसलिए वह उनसे अकसर कहता है, 'तुझे हम वली समझते जो ना बादाख्वार होता' (अगर तू शराब न पीता तो मैं तुझे देवदूत मानता), 'तुम तो मुझे अभी भी वली समझते हो,' दादा तुरन्त जवाब देते।

मयंक ने महसूस किया कि अब काफी देर हो गई है और वह इन सुखों

से महरूम रह जाएगा। जब तक मयंक पहुँचा पार्टी समापन की ओर थी, सभी लोग भोजन कर रहे थे।

ऐसी शानो-शौकत वाली पार्टी उसने आज तक नहीं देखी थी। वह भी मैरिज ऐनिवर्सरी पार्टी। जिन नैतिक मूल्यों और आदर्शों की बात बिग बॉस किया करते हैं पार्टी उन्हें मुँह चिढ़ाते हुए प्रतीत हो रही थी।

"कहाँ रह गए थे मयंक?" मजूमदार दादा ने पूछा।

"आप तो हम पुलिस वालों की तरह जब सब कुछ समाप्त हो गया तब पहुँच रहे हैं," शहर कोतवाल ने मजाकिया अन्दाज में कहा।

"इतनी देर कैसे हो गई?" बिग बॉस ने पूछा।

"देर में आकर अपनी इम्पार्टेन्स दिखा रहा था," किसी ने चुटकी ली। कमिश्नर, डीएम, आईजी, डीआईजी, एसएसपी आदि उच्च प्रशासनिक अधिकारी वहाँ मौजूद थे, दूसरी ओर हाई कोर्ट के कई जज डीजे, दो एडीजे और शहर के कई नामी-गिरामी वकील भी थे, तीसरे कोने में पुलिस एवं प्रशासन के कनिष्ठ अधिकारी, शहर के कई मशहूर डॉक्टर वहाँ आए हुए थे। एक कैबिनेट मिनिस्टर के साथ, सत्ता पक्ष के कई महत्त्वपूर्ण नेताओं का भी एक कोना था, एक कोना शहर के प्रमुख विपक्षी नेताओं का भी था। एक कोने में डोमाजी उस्ताद टाइप के लोग भी थे, जिन्हें आज की भाषा में ठेकेदार कहते हैं और इन सभी के साथ थी देश-भर की पत्रकारिता जगत की नामचीन हस्तियाँ। यानी कि 'अँधेरे में' का पूरा परिदृश्य था। इन नामचीन हस्तियों के बीच अपने को पाकर मयंक में 'कमतरी' का एहसास प्रबल होने लगा।

'मैं यहाँ बेकार आया, किसी ने नोटिस तक नहीं लिया। बिग बॉस ने भी कोई खास तवज्जो नहीं दी, न आता तो भी कोई फर्क नहीं पड़ता,' उसने मन ही मन सोचा।

'आने की भले ही नोटिस न ली जा रही हो मगर न आने की जरूर नोटिस ली जाती' उसने खुद ही जवाब दिया।

देर हो जाने के कारण उसका तरल-गरल लेने का मन नहीं कर रहा था, मगर बिग बॉस का आग्रह वह टाल नहीं सकता। दरअसल बिग बॉस के आग्रह और आदेश में कोई खास फर्क नहीं होता। कोई साथ देने वाला नहीं था, इसलिए उसने दो पैग जल्दी-जल्दी गले के नीचे उतारे। उसे आज कुछ खास बदलाव लग रहा था। जैसे ही उसने एक पैग लिया उसे लगा कि उसे उबकाई आ रही

है और जैसे-जैसे वह चुस्की लेता उबकाई बढ़ती जाती। किसी शायर ने कहा कि वह शराब इसलिए पीता है, क्योंकि जब वह शराब पीता है तो मीना में उसे अपनी महबूबा का अश्क दिखाई पड़ता है। मयंक को मीना में रामकिशन का दैन्य और निरीहता से भरा चेहरा दिखाई पड़ रहा था। उसका मन खिन्न एवं उद्विग्न था, शराब ने इस उद्विग्नता को कम करने की जगह और बढ़ा दिया। जिस तरह की निपट गरीबी, दैन्य और लाचारगी के दृश्य उसने सुबह देखे, उन्होंने उसके मानस पटल पर अमिट छाप छोड़ी, वह उनसे उबर नहीं पा रहा था। इस तरह का वैभव एवं विलासिता उस उदासी को और गाढ़ा कर रहे थे। रह-रहकर वे दृश्य उसकी आँखों के सामने उभर आते।

वह दो पैग से ज्यादा नहीं लेना चाहता था, मगर बिग बॉस का आग्रह था कि वह एक पैग और ले और यह पैग वह 'चिकन के साथ ले,' केंटकी चिकन के साथ। क्या लाजवाब टेस्ट होता है केंटकी चिकन का, एकदम शानदार।

बिग बॉस के आग्रह ने उसके मलाल को समाप्त कर दिया। कुछ और हुआ या नहीं लेकिन उसका एहसासे-कमतरी थोड़ा कम हुआ। अभी मयंक ने सिप के बाद केंटकी चिकन मुँह की ओर बढ़ाया ही था कि उसे तेजी से उबकाई आई, वह तेजी से बाथरूम की तरफ भागा। बाथरूम तक पहुँचते-पहुँचते उसे बड़ी भयानक उल्टी हुई। गनीमत थी, उल्टी होने तक वह वॉशबेसिन तक पहुँच गया था। उसका दिन-भर का सब खाया-पिया बाहर आ गया। सभी मयंक की तरफ लपके।

"क्या हुआ, क्या हुआ?"

"अरे कुछ नहीं, ज्यादा पी ली होगी," नीलकांत ने चुटकी ली।

"ज्यादा तो नहीं पी, हाँ, धूप लग गई होगी," बिग बॉस बोल रहे थे, "अरे भाई, बरसात के बाद की धूप होती ही ऐसी है।"

"धूप लगने का कोई सवाल ही नहीं उठता, धूप तो बहुत थोड़ी देर के लिए निकली थी।"

"जल्दी-जल्दी पी होगी," रामेन्द्र ने अनुभवी पियक्कड़ की तरह कहा।

अब तक मजूमदार दादा भी पास आ गए, उन्होंने प्यार से पीठ पर हाथ सहलाते हुए पूछा, "मयंक, क्या हो गया, आर यू नाट फीलिंग वेल?"

"नथिंग सो," मयंक ने कहा।

"देन वॉट हैपंड," मजूमदार दादा ने पूछा।

"दादा, दरअसल जब मैं केंटकी चिकन खाने लगा तो मुझे लगा मैं रामकिशन का मांस खा रहा हूँ। मैं चिकन नहीं इनसानी मांस खा रहा हूँ," मयंक ने धीरे-धीरे कहा। दादा सहित सभी लोग मयंक की तरफ टकटकी लगाकर देखने लगे और सोचने लगे कि आखिर उन्हें केंटकी चिकन में ह्यूमन फ्लेश की गन्ध क्यों नहीं आ रही थी।

जोंकें

समय 8:00 बजे (सुबह)। स्थान लाल बहादुर शास्त्री कॉलेज (एल.बी.एस.) बरेली। नलिन मोहन जैन अपने कमरा नं. 18 में अखबार पढ़ रहे हैं। अखबार क्या पढ़ रहे हैं, सिर्फ हेडलाइंस देख रहे हैं। सुबह के समय वे अखबार सरसरी नजर से ही पढ़ते हैं, इत्मीनान से तो वे रात में ही पढ़ते हैं।

अखबार पढ़ने की आदत उन्हें बचपन से लग गई है और ये अब छूट नहीं रही है। अखबार पढ़ने की आदत अकसर उनकी पढ़ाई के लिए नुकसानदेह भी साबित होती है मगर वे इसे छोड़ नहीं पा रहे हैं। अकसर उन्हें टोका भी जाता है कि इंजीनियरिंग की पढ़ाई के साथ इतना अखबार पढ़ना सूट नहीं करता। "तुम आर्ट्स साइड के हो क्या? जो अखबार पढ़ने में इतना वक्त जाया करते हो," पापा अकसर टोकते हैं। सुबह बड़ी भाग-दौड़ रहती है। अब जैसे कि उन्हें आधे घंटे में हॉस्टल से कॉलेज पहुँच जाना है। लाइब्रेरी में पुस्तक जमा करनी है और नौ बजे से क्लासेज अटेंड करनी है। वे अखबार पढ़ते जा रहे हैं और सोचते जा रहे हैं कि उनके घर के अन्य सदस्य क्या कर रहे होंगे। नलिन मोहन जैन के घर में चार सदस्य हैं—उनके पिता, रवि मोहन जैन, माँ शान्ति देवी जैन और बहिन रश्मि जैन, जिसे सब प्यार से गुड़िया कहते हैं।

पिता घर के एक कोने से दूसरे कोने में भाग रहे होंगे। बाथरूम से तो अब तक निश्चित निकल आए होंगे। शायद कपड़े ढूँढ़ रहे होंगे। चिल्ला रहे होंगे, "शान्ति, मेरा वह ब्राउन कलर का सूट कहाँ है?"

यह सूट बहुत पुराना हो चुका है फिर भी पापा इसे ही पहनकर ऑफिस जाना पसन्द करते हैं ताकि रास्ते में धूल-गर्दा लगे तो पता ना चले।

"वहीं कपड़ों की अलमारी में देखो हैंगर में टँगा होगा," मम्मी कहेंगी। पापा अलमारी खोलेंगे, अलमारी में कई रंग के सूट होंगे, गोया कोई लांड्री हो। वे उसमें से अपनी पसन्द का ब्राउन सूट निकालेंगे और कहेंगे, "शान्ति, सूट तो मिल गया मगर वह अंडरवियर नहीं मिल रहा है।"

"अरे वहीं होगा बड़े रूम वाली खूँटी पर देखिए," माँ कहेंगी।

"हाँ, हाँ मिल गया। अंडरवियर के ऊपर अपनी तौलिया टाँग दी थी इसलिए नहीं दिख रहा था।" पापा कहेंगे, तौलिया वाली बात वे झूठ ही कहेंगे ताकि दोष उन पर न पड़े। पापा कभी भी अपना दोष स्वीकार नहीं करते हैं। इससे पापा के अहं को ठेस पहुँचती है। अपने अहं को बचाने के लिए पापा ऐसे-ऐसे फालतू तर्क देते हैं और ऐसे-ऐसे कार्य करते हैं कि आश्चर्य होता है। "पापा का ऑफिस जाने का मतलब होता है, घर में तूफान आना, रोज का यही किस्सा है," नलिन जैन बुदबुदाए।

पापा इसी तरह हड़बड़ी में तैयार होकर नौ बजे घर से निकल जाएँगे। आजकल उनका स्थानान्तरण दिल्ली से चालीस कि.मी. दूर हो गया है। हो क्या गया है, पापा ने मजबूरी में कराया है। दरअसल उनका स्थानान्तरण पटना शहर में हो गया था किन्तु पापा ने बच्चों की पढ़ाई-लिखाई का वास्ता देकर स्थानान्तरण रुकवा लिया था। पढ़ाई-लिखाई तो सिर्फ बहाना था। सच तो यह कि पटना जाने में उन्हें डर लग रहा था और पटना ही क्यों, बिहार में कहीं भी पोस्टिंग के नाम पर पापा की रूह काँपने लगती थी। 'पापा बच्चों को छोड़कर बॉम्बे में तो रह सकते हैं मगर पटना नहीं।' नलिन मोहन फिर बुदबुदाए। पापा अच्छे वर्कर हैं, उनके कारण बैंक का बिजनेस बहुत बढ़ जाता है। उनके सी.जी.एम. (चीफ जनरल मैनेजर) अकसर उनकी तारीफ में कहते भी हैं, "बैंक तो मिस्टर जैन जैसे वर्कर के खून-पसीने से सींचा जाता है। उनकी ऑनेस्टी और हार्ड वर्क ही बैंक की नींव को मजबूती प्रदान करते हैं।" इसलिए पापा का पटना का स्थानान्तरण निरस्त कर दिया गया, मगर इस शर्त के साथ कि वह दिल्ली के पास उत्तर प्रदेश की किसी ब्रांच को नए सिरे से खड़ा करेंगे। पापा ने स्वयं तो नहीं कुछ कहा मगर सुनने में आया है कि इसके बावजूद पापा को कुछ खर्च करना पड़ा था, हालाँकि यह काइंड के रूप में था।

अगर माइग्रेन न हुआ तो मम्मी चकरघिन्नी बनी होगी। नौकरी, घर, बच्चे रिश्तेदार, शॉपिंग जैसी सभी चीजें मम्मी के दिमाग में चलती रहती हैं। इनमें जरा

भी असन्तुलन होता है तो वे खुद को चिन्ता से घिरा हुआ पाती हैं। बात-बात पर चिड़चिड़ाना, बेचैन रहना, नींद न आना, छोटी-छोटी बातों को लेकर तनाव में रहना, यह मम्मी का स्वभाव बन गया है और यह माइग्रेन जैसी मानसिक समस्या का रूप धारण कर चुका है जिस कारण अकसर उन्हें माइग्रेन का दर्द होता है और तब मम्मी कार्यालय से छुट्टी लेकर दिन-भर चुपचाप पड़ी रहती हैं। पापा बाहर लंच कर लेते हैं और उलटा-पुलटा कुछ बनाकर खा लेती हैं। बस। मम्मी को दिन-भर रसोई में खटते देखकर अकसर नलिन मोहन जैन को निदा फाजली की, 'बीबी, बेटी, बहन, पड़ोसन, थोड़ी-थोड़ी सी सब में, दिन-भर एक रस्सी के ऊपर, चलती नटनी जैसी माँ' पंक्तियाँ याद आ जाती हैं। मम्मी रसोईघर में सब्जी छौंककर जल्दी से पापा के जूते में पालिश कर रही होंगी। फिर थोड़ा-सा मौका निकालकर सब्जी को चला देंगी फिर पापा को रूमाल ढूँढ़कर देंगी। जल्दी-जल्दी पराँठे सेंकेंगी, पराँठे सेंककर चाय का पानी चढ़ा देंगी और इस बीच जल्द खुद ब्रश करेंगी। मम्मी को ब्रश करते देखकर टूथ ब्रश के विज्ञापन की याद आ जाती है कि 'ब्रश कर रहे हो या मसूड़ों की पिटाई।' पापा तब तक ब्रेकफास्ट कर लेंगे। ब्रश करने के बाद चाय बनाएँगी, एक कप पापा को देंगी और एक कप खुद लेंगी। ममा की यह पहली चाय होगी जबकि पापा की दूसरी या तीसरी। पापा चाय पीकर ऑफिस निकल रहे होंगे क्योंकि उन्हें अपने दफ्तर में पहुँचने में कम से कम एक घंटा लगता है। पापा के दफ्तर जाने के बाद ममा नहा-धोकर जल्दी से तैयार होकर अपने दफ्तर जाएँगी। मम्मी दफ्तर के मामले में बहुत पार्टिक्यूलर हैं और कार्यालय का कार्य बड़ी निष्ठा से करती हैं। उनके ब्रांच मैनेजर अकसर इस बात पर उनकी तारीफ भी करते हैं और कहते हैं, "वर्कर हो तो मिसेज जैन की तरह, प्राम्प्ट एंड पंक्चुअल।" पापा को भी वह हमेशा टोकती रहती हैं और कहती हैं, " 'बाढ़ै पूत पिता के धर्मा'—हम अपना कार्य निष्ठा से करेंगे तभी तो ईश्वर हमारे बच्चों को भी नौकरी देगा। आप देख लीजिए अपने बैंक में जिन्होंने सारी जिन्दगी कामचोरी की उनके बच्चे कैसे आवारा हो गए हैं और हमारे बच्चे इसलिए लायक हैं, क्योंकि हम अपना कार्य निष्ठा से करते हैं।"

पापा इसके जवाब में कहेंगे, "क्या बकवास करती हो, ऐसा होता तो गोयल साहब के लड़कों को नौकरी नहीं मिलनी चाहिए थी और मिस्टर डे के लड़कों को बहुत अच्छी नौकरी मिलनी चाहिए थी। मगर ऐसा हुआ क्या? हुआ इसका

ठीक उलटा ही। गोयल साहब के लड़के कितनी अच्छी नौकरी पा गए हैं और बिचारे मिस्टर डे के लड़के अभी तक मारे-मारे फिर रहे हैं। तुम जिस पोयटिक जस्टिस की बात कर रही हो, वह जीवन में है कहाँ, वह तो सिर्फ कविता में ही रह गया है। सच तो यह है कि गोयल साहब ऑफिस में जो कामचोरी करके समय बचाते थे उसमें अपने लड़कों पर ध्यान देते थे, इसीलिए उनके बच्चे पढ़ने में अच्छे निकल गए, लेकिन 'डे' दादा बिचारे ऑफिस को लेकर इतना सेंसियर थे कि उन्हें अपने बच्चों पर ध्यान देने की फुर्सत ही नहीं रहती थी, इसी में उनके बच्चे बिगड़ गए।"

पापा के घर से निकल जाने पर ममा कहेंगी, "चलो सुनामी से निपट लिया।" सच है जब तक पापा दफ्तर नहीं चले जाते घर में बवंडर मचा रहता है। पापा के जाने के बाद ममा खुद दफ्तर जाने के लिए तैयार होंगी। जल्दी से फ्रेश होकर नहाएँगी। नहाने में ममा को ज्यादा वक्त लगता है इसलिए वे तैयार होती जाती हैं और ब्रेकफास्ट करती जाती हैं। मुँह में कौर भरा होगा और वे मेकअप कर रही होंगी। इस समय ममा मेकअप बड़े इत्मीनान से कर रही होंगी क्योंकि कोई टोकने वाला नहीं होगा, वर्ना पापा मम्मी को मेकअप करते देखते हैं तो टोकते हैं, "लीपा-पोती ज्यादा मत किया करो।"

फोन पर नानी मम्मी से अकसर कहती हैं, "सुधा, तू एक मेड क्यों नहीं रख लेती। घर का सारा काम वह करेगी, तुम आराम से तैयार होकर दफ्तर जाया करो।"

"यहाँ नौकरों की बहुत दिक्कत है अम्मा," ममा कहेंगी।

"दिक्कत क्या है, इतना बड़ा शहर है, ढूँढ़ो तो जरूर मिलेगा," नानी अम्मा से कहेंगी।

"अम्मा जो मिलते हैं उनके मुँह बहुत खुले हुए हैं," मम्मी कहेंगी।

"तू बहुत कंजूस है सुधा। तू एक-एक पैसा बचाने के लिए दिन-भर खटती रहती है और थकती है। पर जब बीमार पड़ जाती है तो मुट्ठी-भर पैसा डॉक्टर को दे आती है, सब बराबर हो जाता है, शरीर की दलेल अलग। तेरा तो यही हाल है कि 'मुहर लुटै पर कोयले पर छाप,' नानी कहती हैं।

"नहीं अम्मा, पैसे की बात नहीं है, मेड चोर होती हैं। कुछ न कुछ चुराती रहती हैं। उनकी चोरी के कारण घर में बरक्कत नहीं होती है," मम्मी सफाई देंगी।

"बेटी, मैं जानती हूँ कि तू मेड क्यों नहीं रखती है, तुझे डर है कि मेड रखेगी तो कहीं सुशील उसके साथ कोई गड़बड़ न कर दे। वह है भी कुछ इस तरह का। और आदमी नौकर के रूप में तुझे सुशील नहीं रखने देगा," नानी कटाक्ष करेंगी।

मम्मी झेंप जाएँगी और झेंप मिटाने के लिए सिर्फ इतना कहेंगी, "क्या अम्मा अनाप-शनाप बकती रहती हो।" फिर अपनी कंजूसी की वकालत में कहेंगी, "अम्मा, कंजूसी न करूँ तो कैसे दो-दो बच्चों को इतनी महँगी पढ़ाई करवा सकती हूँ।"

"क्यों? दोहरी तनख्वाह आती है फिर भी दिक्कत है," नानी।

"दो-दो बच्चों की बी. टेक की पढ़ाई। फिर अम्मा तुम तो जानती ही हो कि मेरे नौकरी करने से परिवार की शक्ल बदल गई वर्ना जब मैं ब्याह कर आई थी तो मेरे ससुराल वालों की स्थिति तो 'टूटो तवो और फूटी कठौती' वाली थी।" मम्मी नानी से कहेंगी।

"ऐसा तो नहीं था बेटी, खाता-पीता परिवार हमेशा से था," नानी। नानी को लगा कि ममा उसे ताना दे रही है कि उसकी शादी ठीक से देखकर नहीं की गई।

"क्या खाता-पीता था, सिर्फ पीता ही पीता था," मम्मी का इशारा नलिन के दादा जी और चाचा जी की शराबखोरी की आदत की तरफ था।

"अब बेटा अन्दर की बात कौन जाने," नानी कहतीं।

मम्मी बात खत्म करने की गरज से मौन धारण कर लेतीं। अब वे भागमभाग में कार्यालय पहुँचेंगी फिर भी सबसे पहले पहुँचेंगी।

गुड़िया अभी तो सोकर भी न उठी होगी। और अगर उठ गई होगी तो अखबार पढ़ रही होगी। अखबार में वह सिर्फ गेम्स न्यूज तथा बिजनेस न्यूज ही पढ़ती है। हाँ, विज्ञापन जरूर बड़े गौर से देखती है, इसलिए अखबार वह पीछे से पढ़ना शुरू करती है। 'गुड़िया बहुत छनकीली (फुर्तीली) है, मेरी तरह मुसुर-मुसुर नहीं है'—नलिन मोहन बुदबुदाए। अखबार पढ़कर झट-पट तैयार होकर चल देगी ऑफिस। वह हमेशा रौले में रहती है और रहे भी क्यों न जब किस्मत की इतनी धनी है। हमेशा से सफलता उसके कदम चूम रही है, तो क्यों न उसमें आत्मविश्वास होगा। इतनी कम उम्र में इतनी जबरदस्त सफलता। पच्चीस लाख का पैकेज मायने रखता है। उसका व्यक्तित्व है भी ऐसा कि पहली बार में आकर्षित कर लेता है। लम्बा कद, छरहरा बदन, मछली जैसी

आँखें, आँखें हमेशा बोलती हुईं, सुतवाँ नाक, गौर वर्ण, आँखों में मादकता के डोरे बिलकुल अमी हलाहल मद भरे वाले। सबसे जबरदस्त है उसका अंग्रेजी बोलने का फ्लो, फर्राटेदार अंग्रेजी अमेरिकन एक्सेंट में एंग्लो सैक्सन स्टाइल में बोलती है। खास स्टाइल में हाथ हिलाकर और थोड़ा आँख मटकाकर थोड़ा-सा धैर्य के साथ बात करना, धीरे-धीरे पॉज़ के साथ बोलना और सबसे ऊपर रहता है उसका आत्मविश्वास। माँ के भी नौकरी करने के कारण उनके परिवार की माली हालत में बहुत परिवर्तन आ गया था। अब उनका परिवार बच्चों को महँगे और अच्छे स्कूल में भेजना एफोर्ड कर सकता था, इसलिए गुड़िया को अंग्रेजी मीडियम स्कूल में भेजा गया।

इनका इसका ठीक उलटा रहा। धनाभाव के कारण उनका एडमिशन गवर्नमेंट एडेड हिन्दी मीडियम स्कूल में कराया गया जिस कारण उनका व्यक्तित्व शुरू में उद्‌दंड एवं बाद में दब्बू हो गया। संयुक्त परिवार में रहने के कारण उनका दुलार बहुत होता था और घर के कामों के कारण मम्मी भी उन्हें समय नहीं दे पाती थीं। मम्मी ने बोल्डनेस दिखाई और जल्द ही संयुक्त परिवार से मुक्त होकर अलग रहने लगीं।

2

जब से नलिन मोहन जैन की छोटी बहिन, गुड़िया का कैम्पस सेलेक्शन हुआ है, लोगों ने उनका जीना दूभर कर दिया है। हर आदमी कहता है कि वह लड़की होकर भी इतना अच्छा जॉब पा गई है और तुम टहल रहे हो, कहने के टोन से तो लगेगा कि बहुत सहानुभूति दिखा रहे हैं, मगर वास्तव में ताना मारा जाता है। वे इसी से परेशान हो जाते हैं। आखिर वे क्या करें? बासठ परसेंट बी. टेक की कोई वकत होती है, भला। क्या करें वे, उनका भाग्य ही नहीं साथ दे रहा है। फर्स्ट ईयर में दोनों सेमेस्टर में उनका बहत्तर परसेंट आया था। वे थोड़ा-सा कंप्लेसेंट हो गए थे। तो थर्ड सेमेस्टर में पैंसठ परसेंट ही रह गया। फोर्थ सेमेस्टर में दुर्भाग्य से पीलिया हो गया। पीलिया ने उन्हें बहुत तोड़ा—मन से और शरीर दोनों से। परिणामतः इस सेमेस्टर में उनका सिर्फ पचपन परसेंट रह गया। उन्होंने सोचा कि आगे कवर कर लिया जाएगा और फिफ्थ सेमेस्टर में कवर किया भी। सिक्स्थ सेमेस्टर में कैम्पस सेलेक्शन के

लिए कम्पनियाँ आने लगीं। इन कम्पनियों ने कॉलेज में बहुत से लड़कों का कैम्पस सेलेक्शन किया। परीक्षा में नलिन मोहन जैन भी शामिल हुए, मगर उनका सेलेक्शन नहीं हुआ। वे इससे इतना दुखी रहने लगे कि उनका किसी भी काम में मन नहीं लगता। उन्हें हमेशा लगता कि जीवन में कुछ नहीं है, सब निस्सार है—"मैं नालायक हूँ।"

"मैं नाकारा हूँ।"

"मैं मन्दबुद्धि हूँ। इस तरह के खयाल अकसर उनके जेहन में आते रहते हैं और सबसे ज्यादा तो उन्हें पापा के ताने का डर बना रहता है, 'यू आर ए बिग फेल्योर नलिन, यू कान्ट डू एनी थिंग इन योर लाइफ, आई चैलेंज'।" बी. टेक में अच्छा ना कर पाने के कारण उनका किसी अच्छी कम्पनी में सेलेक्शन नहीं हो पाया, हालाँकि वे आधे दर्जन इम्तिहानों में बैठे। किसी अच्छी कम्पनी में सेलेक्शन न हो पाने के कारण उन्होंने आम चलन के मुताबिक एम. बी. ए. (मास्टर इन बिजनेस एडमिनिस्ट्रेशन) ले लिया। बहुत कोशिश के बाद भी किसी अच्छे इन्स्टीट्यूट में एडमिशन नहीं मिल पाया अत: उन्होंने दिल्ली से ढाई सौ कि.मी. दूर पूर्व प्रधानमंत्री श्री लाल बहादुर शास्त्री के नाम पर स्थापित कॉलेज में एडमिशन ले लिया और इस प्रकार फेल्योर से सक्सेसफुल बनने के प्रयास में लगे हैं।

डिजिटल युग में जीते हुए, फास्ट फूड के वक्त में, बन्द कमरों में साँस लेते हुए और सारी दुनिया के नजारों को इन बन्द कमरों के भीतर से देखते हुए वे जाने-अनजाने ऐसी पीढ़ी के सदस्य हो गए हैं जिसे जिन्दगी एक जंग की तरह लगती है। और इस जंग में सिर्फ जीतना ही जीतना है, हारे तो गए काम से। भूल करने की जरा भी छूट नहीं है, जरा भी भूल की नहीं कि आप नुकसान उठा जाएँगे। आपकी जरा सी भूल आपको किस रसातल में ले जाकर फेंक दे, आप कल्पना भी नहीं कर सकते। और उनके पैरेंट्स तो हैं ही हेलिकॉप्टर पैरेंट्स। खुद तो हवा के घोड़े पर सवार रहेंगे ही, उनका बच्चा हर परीक्षा में पहले नम्बर पर आए। साथ ही वह स्कूल में होने वाली हर प्रतियोगिता में, शब्द-ज्ञान, जूडो-कराटे, खेल-कूद तक की कक्षा में, अपने बच्चे को भेजते हैं और अगर वह हार गया तो इतना जलील करेंगे कि बच्चा प्रतियोगिता के नाम से डरने लगे।

माँ की अतिमहत्त्वाकांक्षा और पिता की घोर उपेक्षा, तथा अपनी निराशाजनक असफलताओं के बीच झूलते नलिन मोहन जैन अपने जीवन के अत्यन्त कठिन

दौर से गुजर रहे हैं। वे करना कुछ चाहते हैं, कर कुछ डालते हैं, कहना कुछ चाहते हैं, कह कुछ जाते हैं। अब इसे उनकी ख़ब्तुलहवासी कहिए, ऐबसेंट माइंडेडनेस कहिए या उनकी अन्यमनस्कता—नलिन मोहन जैन बुरी तरह से इसके शिकार हैं। भौतिक रूप से वह कहीं रहते हैं, दिमाग उनका कहीं और रहता है। कभी उनका दिमाग कल्पना की छलाँगें भरता है तो कभी वह मायूसी के अतल सागर में गोता लगाने लगता है। कभी वे स्वप्न देखते कि वे किसी मल्टी नेशनल कम्पनी के सी.ई.ओ. हैं, उनका बड़ा-सा ऑफिस है, उसमें उनका एक साफ-सुथरा चैम्बर है, वे किसी कर्मचारी को हड़का रहे हैं, या समझा रहे हैं या यूँ ही बैठे-बैठे गोल-गोल पेपरवेट को नचाते जा रहे हैं, वे बहुत धीर-गम्भीर मुद्रा में हैं गोया कोई गुत्थी सुलझा रहे हों। उनके पास बँगला है, कार है, कार शेवरलेट है, ब्रांडेड कपड़ों में वे बहुत स्मार्ट लग रहे हैं।

कभी वे दुःस्वप्न देखते हैं कि इंजीनियरिंग की तरह एम.बी.ए. में भी वे असफल हो गए हैं, उनका मानसिक सन्तुलन पूरी तरह गड़बड़ा गया है और उन्हें पागलखाने में भरती करा दिया गया है, कभी वे देखते कि असफल होने के बाद घर छोड़कर भटकते-भटकते हरिद्वार पहुँच गए, दाने-दाने को मोहताज हो गए, और क्षुधा मिटाने के लिए वे साधुओं में शामिल हो जाते हैं। यह ज्वार-भाटा दिन में कई बार आता है। दिन में वे कितनी बार में कितने रूप धारण करते हैं उन्हें खुद पता नहीं। इसीलिए वे अब बहुत नाप-तौलकर बोलना चाहते हैं, और प्रायः वे इसका पालन करते भी हैं, मगर कभी-कभी वे कुछ ऐसा बोल ही देते हैं जो दूसरों को नागवार लगे। और जब बोलते हैं तो बोलते ही चले जाते हैं गोया कोई बाँध टूट गया हो। अब कल की ही बात है, उन्होंने अपनी छोटी बहिन गुड़िया को फोन पर बुरी तरह लताड़ा। फोन पर बात बहुत सामान्य ढंग से हो रही थी। गुड़िया ने बताया कि उसका दूसरी कम्पनी में भी सेलेक्शन हो गया है, दूसरी कम्पनी बारह लाख का पैकेज देगी।

"अब क्या चाहिए तुम्हें। तुम्हारे तो जलवे हैं, दसों उँगली घी में हैं और सर कड़ाही में," नलिन मोहन जैन ने सहज भाव में कहा।

"भैया, आज देखा टी. वी. पर ऐश्वर्या राय कितनी क्यूट लग रही थी।"

"नहीं, मैंने नहीं देखा," नलिन मोहन जैन ने टालने की गरज से कहा।

"भैया, तुमने वेलकम फिल्म देखी है, इसमें कैटरीना कैफ कितनी सेक्सी लगी है।"

अब नलिन मोहन जैन के धैर्य का बाँध टूट गया। उन्होंने गुड़िया को स्नब करते हुए कहा, "यू आर जस्ट मैड गुड़िया, यू डोन्ट नो हाउ टु टॉक टु योर ब्रदर।"

"ब्रदर नहीं बिग ब्रदर," गुड़िया ने व्यंग्य से कहा।

"यस बिग ब्रदर," नलिन मोहन ने खीजकर कहा।

"बाइ द वे मैंने गलत क्या कह दिया, जो तुम बिलकुल हत्थे से उखड़ गए," गुड़िया ने पूछा।

"बड़े भाई से कहीं ऐसी बातें करते हैं, कभी तुम कहती हो ऐश्वर्या राय कितनी क्यूट लग रही थी, कभी कहती हो वेलकम में कैटरीना कैफ कितनी सेक्सी लग रही थी," नलिन मोहन ने खीजकर कहा।

"मुझे लेकर तुम्हें प्रॉब्लम है, तुम यूँ ही छोटी-छोटी बात पर मुझे डाँटते रहते हो। आई एम नाट ए चाइल्ड," गुड़िया ने कहा।

"बट योर बिहेवियर इज चाइल्डिश," नलिन मोहन जैन ने कहा।

"तुमको मुझे लेकर कॉम्प्लेक्स है," गुड़िया ने सीधा निशाना दागा।

"हाँ, हाँ, क्यों नहीं, मुझे तुमको लेकर कॉम्लेप्क्स है। मैं तुम्हारी सफलता से ईर्ष्या करता हूँ, इतनी छोटी उम्र में इतनी अच्छी नौकरी पा गईं, मुझे इसकी ईर्ष्या है। बट माई फुट, आई डोंट केयर," नलिन मोहन जैन एक साँस में ही बोल गए और फिर फोन काट दिया।

नलिन मोहन जैन ने बाद में यह महसूस किया कि उन्होंने गुड़िया को कुछ ज्यादा ही कह दिया।

"मैं आज ही फोन पर गुड़िया से सॉरी बोल दूँगा," नलिन मोहन ने मन ही मन तय किया।

"मगर कहीं ऐसा न हो कि सॉरी बोलने के चक्कर में फिर कुछ ऐसा बोल दूँ जो उसे नागवार लगे," नलिन मोहन ने अपने से प्रश्न किया।

"नहीं, नहीं, ऐसा नहीं होगा, मैं कुछ बोलूँगा ही नहीं सिर्फ सॉरी के अलावा," नलिन मोहन ने अपने को ही जवाब दिया। अभी वे न जाने कितनी देर तक यूँ ही सोचते रहते कि हॉस्टल के रूम कीपर ने आकर कहा, "सर क्लासेज का टाइम हो गया है।" नलिन मोहन ने अखबार फेंका और तेजी से क्लास रूम की ओर बढ़ गए।

दिन-भर की आपाधापी के बाद रात्रि में नौ-दस के बीच नलिन मोहन जैन मम्मी से रोज बात करते हैं। फोन मिलते ही मम्मी ने पूछा, "बेटा कल आ रहे हो न।"

"व्हाइ नॉट, व्हाइ नॉट," नलिन मोहन ने कहा।

"हाँ बेटा, आना जरूर, नहीं तो हम लोग तुम्हें बहुत मिस करेंगे।"

"आप निश्चिंत रहो, मम्मी। मैं घर जरूर आऊँगा," नलिन मोहन ने कहा।

3

बरेली से दिल्ली जाने के रास्ते पर इतना जाम लगता है कि घर जाने के नाम पर नलिन मोहन जैन की रूह काँप जाती है। ढाई सौ कि.मी. की यात्रा में उन्हें दिन-भर लग गया, वे थककर चूर हो जाते हैं। वे घर जब पहुँचे तो घर में परिवार का कोई सदस्य नहीं था, उन्हें झुँझलाहट हुई। उसी झुँझलाहट में उन्होंने नौकर से पूछा, "कहाँ गए सब?" "मेम साहब तो पुरी मेम साहब के यहाँ मेहँदी लगवाने गई हैं। साहब सहगल साहब के यहाँ गए हैं और दीदी (गुड़िया) अपनी सहेलियों को कल के लिए कहने गई हैं।"

"ऐनिवर्सरी न हो शादी हो," नलिन मोहन जैन बुदबुदाए, "पापा-मम्मी को ऐनिवर्सरी को लेकर न जाने कैसी क्रेज है। पच्चीस साल शादी को हो गए मगर ऐसा दिखावा करते हैं ये लोग जैसे अभी नए-नवेले हों।"

नौकर ने खाना खिलाया। वे थके हुए थे, खाकर सो गए। गुड़िया रात्रि में देर तक टी. वी. देखती रही जिसकी वजह से उनकी नींद में थोड़ा व्यवधान जरूर पड़ा, मगर कुल मिलाकर नींद उन्हें अच्छी आई।

सुबह टी. वी. की आवाज से ही उनकी नींद खुली, मम्मी टी. वी. में आस्था चैनल में बाबा रामदेव द्वारा सिखाए जा रहे आसन सीख रही थीं। हूँ-हूँ की दोतरफा आवाजें आ रही थीं, उनकी नींद डिस्टर्ब होते देख मम्मी ने टी. वी. धीमा कर दिया। मगर नीचे पापा के लॉफिंग क्लब का शोर सुनाई पड़ने लगा। "यह भी एक बड़ा नाटक है, सुबह-सुबह तो हँसने का नाटक करो और फिर दिन-भर धीर-गम्भीर बने रहने का, दिन-भर घर का माहौल तुगलकी बनाए रहो कि कोई हँसने न पाए और सुबह-सुबह हँसने का नाटक करना। जब हँसना जीवन के लिए इतना आवश्यक है तो क्यों न ऐसी परिस्थितियाँ बनाये रखी जाएँ कि लोग स्वाभाविक हँसी हँसें, सुबह-सुबह हँसने का नाटक करने की क्या जरूरत है। नाटक से दिन की शुरुआत।" वे बुदबुदाते हैं और बिस्तर छोड़ देते हैं।

केंटकी चिकन का स्वाद

दैनिक क्रिया से निवृत्त होकर नलिन मोहन जैन सैर करने के लिए कॉलोनी के पार्क में आ गए। पार्क में लॉफिंग क्लब अभी भी हरकत में था। उन्हें हँसता हुआ देखकर उन्होंने कहा, "ये हँस रहे हैं कि रावण की तरह अट्टहास कर रहे हैं।" पार्क में सभी खुश हैं। कॉलोनी में बहुत बदलाव आ गया है। सभी मकानों की मंजिलें बढ़ गई हैं, सभी चबूतरे खत्म हो गए हैं तथा मेहता और राव साहब को छोड़कर सभी मकानों के लॉन खत्म हो गए हैं, मेहता और राव साहब के लॉन भी आधे से भी कम रह गए हैं। किसी समय यह पार्क अपनी हरियाली और खूबसूरती के लिए पूरे इलाके में जाना जाता था जो अब पूरी तरह से नष्ट हो गया है। पार्क शादी-विवाह में प्रयोग होने लगा है जिस कारण जगह-जगह गड्ढे खोद दिए गए हैं। उन्हें यह देखकर आश्चर्य हुआ कि उन घरों में भी निर्माण कार्य चल रहा है जहाँ रहने वाले लगातार कम हो रहे हैं। उन्होंने महसूस किया कि यहाँ चीजें आवश्यकता, योग्यता, रुचियों तथा क्षमताओं से नहीं नियंत्रित होतीं, बल्कि होड़ से होती हैं, हर आदमी एक होड़ में फँसा है। जहाँ जरूरत सिर्फ तीन कमरों की है, वहाँ भी दस कमरे हैं, क्योंकि पड़ोसी के घर में दस कमरे हैं। आवश्यकता मारुति-800 की है, मगर खरीदेंगे पिजारियो या होंडा सिटी, क्योंकि पड़ोसी के पास होंडा सिटी है। शिक्षा तक में यहाँ होड़ है। यह भी एक स्टेटस सिम्बल है। जो व्यक्ति अपने बच्चों को बी. टेक या एम.बी.ए. नहीं करा पाता वह अपने को निरीह समझता है। नलिन मोहन यह भी महसूस करते हैं कि बी. टेक और एम.बी.ए. पढ़ना-पढ़ाना मध्यवर्गीय परिवारों की क्लिशे हैं, एक मनोग्रन्थि है। जिस मध्यवर्गीय परिवार का कोई भी बच्चा बी.टेक या एम.बी.ए. नहीं कर रहा होता है, वह आत्महीनता में जीता है, जबकि जिस परिवार का कोई भी सदस्य बी. टेक या एम.बी.ए. कर रहा होता है वह गर्वोन्मत्त रहता है। जो बी. टेक एवं एम.बी.ए. के अतिरिक्त कोई कोर्स कर रहा होता है उसके बारे में यह धारणा आम रहती है कि वह कुछ नहीं कर रहा है गोया वह सिर्फ भाड़ झोंक रहा है। दूसरी बात जो उन्होंने महसूस की है कि उच्च-मध्यम वर्ग तथा उच्च वर्ग के लोग अपने बच्चों को बहुत दूर पढ़ने भेजने में अपनी शान समझते हैं। उनके शहर में कितना भी अच्छा संस्थान हो, उन्हें अपने शहर से कम से कम हजार-पाँच सौ कि.मी. दूरी वाला संस्थान ही श्रेष्ठ नजर आएगा। अजब सी होड़ है, इस कॉलोनी में, इसीलिए पुराने मुहल्ले के लोग इसे होड़ मुहल्ला कहते हैं और इस तरह की होड़ दिल्ली में बहुत है।

4

नलिन मोहन अभी पार्क में टहल रहे थे कि दूर से उन्हें मयंक आता हुआ दिखाई पड़ा। मयंक की आँखों में पपोटे पड़े थे, बाल बिखरे हुए थे, थकान चेहरे से साफ झलक रही थी। मयंक उनका पुराना क्लास-फेलो है। मयंक आसपास से बेखबर चला जा रहा था, गोया नींद में टहल रहा हो। नलिन मोहन ने आवाज देकर पास बुलाया, "कहाँ जा रहे हो मयंक।" अपना नाम सुनकर मयंक अचकचा गया, उसने अन्दाजा लगा लिया कि कोई पुराना साथी बुला रहा है। उसने इधर-उधर नजर घुमाई और तुरन्त नलिन मोहन को पहचान गया। करीब जाकर बोला, "ड्यूटी से वापस आ रहा हूँ।"

"ड्यूटी से?" नलिन ने आश्चर्य से पूछा।

"हाँ," मयंक ने जवाब दिया।

"मगर तुम तो मैसूर में इन्फोसिस में थे," नलिन मोहन ने कहा।

"था कभी," मयंक धीरे-से बोला।

"अब कहाँ हो?" नलिन ने पूछा।

"गुड़गाँव में एक काल सेंटर में काम करता हूँ," मयंक।

"तुम तो किसी आई.टी. कम्पनी में थे, आई.टी. कम्पनी से काल सेंटर में, चक्कर समझ में आया नहीं," नलिन ने आश्चर्य की मुद्रा में कहा।

"हाँ, यार ललाट में यही लिखा था," मयंक ने माथे की तरफ इशारा करते हुए कहा।

थोड़ी देर तक दोनों के बीच एकदम खामोशी छाई रही फिर नलिन ने ही प्रश्न किया, "मगर ऐसा हुआ कैसे?"

मयंक फिर भी कुछ नहीं बोला, एकदम मौन साधे रहा, नलिन ने फिर पूछा, "तुमने बताया नहीं मयंक। क्या मुझे इस लायक नहीं समझते?" लायक शब्द को उसने ताने के रूप में प्रयोग किया।

"ये आई.टी. कम्पनियाँ, जिनकी पूरी देश में धूम है कि ये खूब रोजगार उपलब्ध करा रही हैं, हमारे देश के बेस्ट टैलेंट को छाँटती हैं और उन्हें टायलेट पेपर की तरह इस्तेमाल करके फेंक देती हैं, इनमें एक निस्संगता होती है।" मयंक एक ही साँस में बोल गया।

अब तक दोनों पार्क की बेंच पर आकर बैठ गए। थोड़ी देर तक दोनों

चुप रहे, मगर मयंक फिर कहने लगा, "ये कम्पनियाँ 'यूज एंड थ्रो' तथा 'हायर एंड फायर' की नीति अपनाती हैं। ये अपने कर्मचारियों को नैपकिन से ज्यादा नहीं समझतीं। इनकी वर्किंग कंडीशन बहुत खराब होती है। सुबह आठ बजे से लेकर रात आठ बजे तक तो घोषित रूप से कार्य के घंटे होते हैं, पर दस बजे से पहले नहीं छोड़ा जाता। इसके बाद भी जरूरत पड़ने पर काल किया जा सकता है। आधी रात में भी, सबसे बड़ी दिक्कत यह है कि रात में आपको काल तो किया जाता है मगर आपको कोई सुरक्षा नहीं प्रदान की जाती, यहाँ तक कि लड़कियों के मामले में भी। कोर्ट ने साफ कहा है कि लड़कियों की सुरक्षा की जिम्मेदारी कम्पनियाँ लेंगी, मगर कोर्ट के आदेश का पालन नहीं किया जाता। लड़कियों के साथ प्राय: मोलेस्टेशन तथा रेप की घटनाएँ होती रहती हैं। अगर आपके साथ कोई वारदात होती है तो कम्पनी साफ हाथ झाड़ लेती है। बहुत अच्छी कम्पनी हुई तो वह आपको ज्यादा से ज्यादा वकील की सहायता लेने का खर्च उपलब्ध करा देगी। खाने-पीने, सोने-जागने का कोई टाइम नहीं होता। उस पर भी कोई सोशल सिक्यूरिटी नहीं। डिमोक्लीस की तलवार हर वक्त लटकती रहती है। यह डर हमेशा बना रहता है कि आपको कभी भी निकाला जा सकता है। ये कम्पनियाँ आपका भरपूर शोषण करती हैं और उसके एवज में आपको देती हैं एसिडिटी, हायपरटेंशन, डिप्रेशन, ब्लड-प्रेशर जैसी बीमारियाँ।" मयंक एक ही साँस में बोल गया, जिससे उसकी साँस फूलने लगी।

थोड़ी देर तक वह चुप रहा मगर ज्यादा देर तक उससे चुप नहीं रहा गया। वह फिर कहने लगा, "ये कम्पनियाँ जोंक की तरह होती हैं, जोंक। जोंक देखी है कभी जोंक। जोंकों के साथ सबसे बड़ी बात यह है कि जमीन पर वे एक इंच की दिखती हैं और एक जगह से दूसरी जगह सिर के बल पलटनियाँ देकर चलने पर अपने आकार को काफी छोटा कर लेती हैं। जूते में वे चींटी के आकार की होकर चिपकने में माहिर होती हैं। कोई-कोई जोंक तो ऐसी होती है कि उसके काटने पर दर्द भी नहीं होता पर खून निकलने लगता है। आप खोज-खोजकर हैरान हो जाएँगे पर जोंक का कहीं पता नहीं चलेगा। बड़ी मुश्किल से तिल-भर के आकार की दिखाई पड़ेगी। मगर जरा-सा नमक डाल दीजिए तो यह पूरे आकार में बढ़ती जाती है...और बिलबिलाती हुई निकल आती है और थोड़ी देर में मर जाती है। यह अगर शरीर में चिपक जाए तो खैर नहीं, सारे शरीर का सारा खून चूस लेती है।" सामने से आती हुई कार से बचने के चक्कर में

मयंक छिटककर थोड़ा दूर हो जाता है...कार निकल जाने पर पास आकर फिर कहना शुरू करता है, "ये कम्पनियाँ भी आदमी के शरीर का सारा खून चूस लेती हैं और जब शरीर में कोई सत्व नहीं रह जाता है तो निकालकर फेंक देती हैं।" मयंक बोलता ही जा रहा था। इसके धैर्य का बाँध टूट गया और वह इन कम्पनियों के बारे में बोलता ही जा रहा था।

"तुम कह तो सही रहे हो, मगर यह जॉब तो उपलब्ध करा ही रही हैं," नलिन ने धीरे-से कहा।

"जॉब क्या उपलब्ध कराती हैं, न्यू चार्टर ऑफ स्लेवरी होता है, इनका कॉन्ट्रैक्ट फार्म," मयंक।

"हाँ, मगर इनका विकल्प भी तो नहीं है," नलिन मोहन।

"विकल्प के अभाव का यह मतलब तो नहीं हुआ कि हम इनकी कमियों पर चर्चा न करें," मयंक।

"हाँ, तुम बात तो ठीक कहते हो," नलिन ने कहा।

"अच्छा अब घर चला जाए, तुम्हें सोना होगा, रात-भर की ड्यूटी करके आए हो," नलिन ने कहा।

"मेरी नींद गायब हो गई है," मयंक ने कहा।

"उत्तेजना में प्राय: नींद गायब हो जाती है। तुम उत्तेजित बहुत हो गए थे," नलिन ने कहा।

"तुम उत्तेजित होने की बात कर रहे हो। मेरा तो खून खौलने लगता है इन कम्पनियों की बात करने पर। मैं तो भुक्तभोगी हूँ," मयंक ने कहा।

"क्या भोगा है, हम भी जानें तुम्हारा भोगा हुआ यथार्थ?" नलिन।

"बी. टेक करने के पहले ही कई कम्पनियों में मेरा कैम्पस सेलेक्शन हो गया था जिसमें एक कम्पनी में मैंने ज्वाइन भी कर लिया। मैंने पहले ही सुन रखा था कि इस कम्पनी की ट्रेनिंग बहुत टफ होती है, मगर इसकी प्रतिष्ठा सुनकर मैंने इसे ज्वाइन कर लिया था। मेरा काम भी बहुत अच्छा था, काम में कोई कमी नहीं रहती थी, जो काम मुझे दिया जाता उसे मैं रिकॉर्ड टाइम में पूरा कर लेता था, फिर भी छोटी-सी बात पर मुझे बड़े अपमानजनक ढंग से निकाल दिया गया। दरअसल पढ़ाई के दौरान मेरी देर से सुबह उठने की आदत पड़ गई थी। कम्पनी में आठ बजे से शिफ्ट शुरू हो जाती थी। नियम यह था कि अपनी ड्यूटी शुरू होते ही वर्कर अपनी उपस्थिति दर्ज कराने के

लिए एक मशीन में पंच कर देते थे जिससे उनकी उपस्थिति सी.एम.डी. के पास दर्ज हो जाती थी। मैं शुरू से आलसी था, तैयार होने में मुझे देर हो जाती थी। हालाँकि मैं ज्यादा देर नहीं करता था। ज्यादा से ज्यादा आधे घंटे। दो महीने बाद मुझे यह आरोप लगाते हुए निकाल दिया गया कि मैं अपने काम पर देर से उपस्थित होता हूँ," मयंक एक ही साँस में बोल गया। वह थोड़ा गुस्से में आ गया था।

"हाँ, मगर यह कोई छोटी बात नहीं थी। वन हैज टू बी पंक्चुअल इन हिज ड्यूटीज। फिर आधे घंटे का समय कम नहीं होता। समय को लेकर हमारा बहुत कैजुअल एप्रोच होता है," नलिन ने कहा।

"हाँ मगर इन कम्पनियों का एप्रोच बहुत इनह्यूमन होता है। सच तो यह है कि ये कम्पनियाँ अपने कर्मचारियों को निकालने का बहाना खोजती रहती हैं। इस तरह निकालकर वे अपने यहाँ नये लोगों को रखने की जगह बनाती रहती हैं," इतना कहकर मयंक ने मौन धारण कर लिया। थोड़ी देर तक दोनों के बीच मौन पसरा रहा। फिर नलिन मोहन ने पूछा—

"बाइ द वे कम्पनी का नाम क्या था?"

"अरे वही अपने देश की वर्ल्ड फेम कम्पनी इन्फोसिस।"

"यह तो नारायण मूर्ति की है।"

"जी हाँ, जिनके बड़प्पन के चर्चे बहुत गाए जाते हैं।"

"तो वहाँ से निकाले जाने के बाद तुमने यहाँ काल सेंटर में ज्वाइन कर लिया।"

"नहीं, वहाँ से निकाले जाने के बाद मैंने एल. एंड टी. कम्पनी ज्वाइन कर ली। वहाँ पर नियम इतने सख्त नहीं थे, किन्तु दुर्भाग्य से वहाँ कुछ दिन काम करने के बाद मुझे पीलिया हो गया, डॉक्टर ने मुझे कम्पलीट बेड रेस्ट के लिए कह दिया। इन्फोसिस में काम की भागम-भाग के बीच भोजन का समय तो मिलता नहीं था। फास्ट फूड ही खाता था जिससे मुझे पीलिया हो गया। अब पीलिया की बीमारी ठीक होने में एक महीना तो लेती ही है, मगर कम्पनी कहाँ इतना धैर्य रखती है। सो आई वास किक्ड आउट (मैं लात मारकर बाहर कर दिया गया)। इसके बाद मैंने कई कम्पनियों में एप्लाई किया, किन्तु दो-दो कम्पनियों से निकाले जाने के कारण मेरा ट्रैक रिकॉर्ड खराब हो गया था, इसलिए मुझे कहीं और जॉब नहीं मिल पाया। मजबूरन मुझे काल सेंटर में काम करना पड़ा," मयंक ने कहा।

"काल सेंटर की वर्किंग कंडीशन तो और भी खराब होती है, इनके तो वर्किंग आवर्स ही फिक्स नहीं होते। कभी दिन में तो कभी रात में काम करना पड़ता है," नलिन ने कहा।

"सो तो है, मगर यह सन्तोष है कि अपने घर में हूँ। फिर एक टाइम तो घर का भोजन मिल जाता है। मगर नींद की अकसर प्रॉब्लम हो जाती है।" मयंक ने कहा।

"वह कैसे?" नलिन ने पूछा।

"जब रात में ड्यूटी लगती है तब प्रॉब्लम हो जाती है। जब सब सोते रहते हैं तब जागना पड़ता है, ड्यूटी से वापस जाकर जब सोओ तो अकसर नींद नहीं आती, क्योंकि तब तक घर के सब लोग जाग चुके होते हैं और वे अपने-अपने काम में लगे होते हैं। रात की तरह नींद का माहौल नहीं मिल पाता," मयंक ने कहा।

"शायद इसी पर निदा फ़ाज़ली का एक शे'र है," नलिन ने कहा और शे'र पढ़ा—

सूरज को चोंच में लिए मुर्गा खड़ा रहा,
खिड़की का पर्दा खींच दिया रात हो गई।

मयंक ने बड़ा अजीब-सा मुँह बनाया। नलिन समझ गए कि शे'र मयंक के बहुत ऊपर से निकल गया।

5

मैरिज ऐनिवर्सरी का पूरा कार्यक्रम बहुत ग्रैंड रहा। यद्यपि पापा और मम्मी ने अपने चुनिंदा कुलीग्स को ही बुलाया था, मगर फिर भी मजे की भीड़ हो गई थी। गुड़िया नहीं दिखाई पड़ रही थी। नलिन मोहन ने मन ही मन यह तय किया कि वे आज गुड़िया से किसी प्रकार के विवाद में नहीं पड़ेंगे मगर यह सम्भव नहीं हो सका। दिन-भर ठीक रहा, मगर पार्टी शुरू होने के ठीक पहले गुड़िया टाइट सी जीन्स और झीनी सी कुर्ती पहनकर उपस्थित हुई। नलिन मोहन से रहा नहीं गया, उन्होंने फट से कहा, "कैसे कपड़े पहन रखे हैं?"

"क्यों, क्या बुराई है इन कपड़ों में?"

"भद्दा लग रहा है।"

"क्या भद्दा लग रहा है?"

"अब क्या बताऊँ क्या भद्दा लग रहा है बस मुझे अच्छा नहीं लग रहा है।"

"तुम्हें तो मेरी कोई भी चीज अच्छी नहीं लगती।"

"ऐसा नहीं है गुड़िया, तुम मुझे गलत समझ रही हो। यह एंटायर वेशभूषा तुम्हारे व्यक्तित्व को सूट नहीं करता और फिर हमारे संस्कार भी कुछ होते हैं। तुम्हारे ये कपड़े हमारे संस्कार के अनुसार नहीं हैं। लड़कियों को संस्कारी कपड़े पहनने चाहिए।"

"तुम हमेशा मेरे ऊपर शासन करते आए हो—यह न पहनो, यह न करो, यहाँ न जाओ, इस सहेली से दोस्ती न करो, न जाने कितनी पाबन्दी लगाते रहते हो। तुम्हारे साथ बस यही एक समस्या है कि तुम टुच्ची बातों में उलझे रहते हो इसलिए तुम्हारा यह हाल है।" गुड़िया गुस्से में बकती चली गई और फिर पैर पटकते हुए वहाँ से चली गई।

कहते हैं नीबू की दो बूँदों से मटका भर दूध फट जाता है फिर यहाँ तो पूरा नीबू ही डाल दिया गया। गुड़िया के शब्दों ने नलिन के हृदय को छलनी कर दिया मगर इस मौके पर वे मन को मारकर रह गए।

उसकी सभी सहेलियाँ आई थीं, इनमें कनकना बनर्जी भी थी जिसे नलिन मोहन जैन बहुत पसन्द करते हैं। हालाँकि यह पसन्दगी एकतरफा है, कम से कम नलिन मोहन जैन समझते हैं। नलिन मोहन जैन जितना व्यस्त हैं उससे ज्यादा दिख रहे हैं। इस बहाने वे किसी के पास रुकते नहीं, इस भय से कि कहीं त्रिलोकी अंकल कुछ कह न दें। त्रिलोकी अंकल दुर्रस बोलने के लिए पूरी कॉलोनी में बदनाम हैं। बिना बात के दुर्रस बोल देते हैं तो इस समय तो उनके पास बात ही बात। मसलन यह कहना तो बहुत लाजिमी है कि 'अरे यार तुम पढ़ाई करते हो या भाड़ झोंकते हो। तुम्हारी छोटी बहिन नौकरी पा गई पर तुम नहीं पाए। आखिर तुम क्या पढ़ाई कर रहे हो। अब पढ़ाई-लिखाई तुम्हारे बस की नहीं है, तुम कोई और काम सोचो। न हो तो बिजनेस की सोचो। बैंक से लोन भी आसानी से मिल जाएगा।' इसीलिए नलिन मोहन अपने को बहुत व्यस्त दिखा रहे हैं और किसी के पास भी रुकते नहीं। कार्यक्रम देर तक चलने के कारण नलिन मोहन जैन रात्रि बारह बजे के बाद ही बिस्तर पर जा सके।

दिन-भर की व्यस्तता के कारण जो जोंक दिमाग की अन्दरूनी खोह में कहीं पड़ी थी, आराम पाते ही वह मस्तिष्क की एकदम भीतरी दीवार में आ

गई—"सारी कम्पनियाँ जोंक हैं, ये जोंक की तरह अपने कर्मचारियों का खून चूस लेती हैं।"

"कम्पनी।"

"जोंक।"

"खून चूस लेती हैं," इन शब्दों ने मिलकर एक मुकम्मल वाक्य बनाया 'ये कम्पनियाँ जोंक की तरह हैं जो धीरे-धीरे रेंगती हैं, शरीर पर। शरीर का खून चूस लेती हैं।' और फिर ये वाक्य वर्तुलाकार उनके दिमाग में घूमने लगा। खून चूस लेती हैं, कम्पनियाँ जोंक हैं, जोंक जो धीरे-धीरे रेंगती हैं शरीर पर। शरीर का खून चूस लेती हैं। जोंक पूरी तरह से उनके दिमाग पर छा जाती है। उसके प्रभाव को दूर करने के लिए वह गुड़िया की सहेलियों की तरफ अपने दिमाग को लगाने की कोशिश करते हैं, खास तौर से कनकना बनर्जी की तरफ। और कोई समय होता तो कनकना बनर्जी का गदराया हुआ बदन उनके दिमाग पर कब्जा कर लेता जैसे कोई नशा दिमाग को अपनी जद में ले लेता है, मगर आज वह भी फेल हो रहा था। जोंक कनकना बनर्जी के गदराये शरीर पर भारी पड़ रही थी।

जोंक—पापा का सी. एम. डी. भी बहुत बड़ा जोंक है, पापा का खून चूस रहा है।

मम्मी का बॉस भी मामूली जोंक नहीं है, मम्मी का खून चूस रहा है।

गुड़िया का चीफ मैनेजर भी कम जोंक नहीं है, वह भी उसका खून चूस रहा है। यह एम.बी.ए. की पढ़ाई भी जोंक ही है जो मेरा खून चूस रही है।

हमारा परिवार जोंकों की गिरफ्त में है।

जोंकें—नहीं एक बड़ी जोंक।

महत्त्वाकांक्षा—एक बहुत बड़ी जोंक—जो उसके पूरे परिवार का खून चूस रही है।

यही सोचते-सोचते नलिन मोहन जैन न जाने कब सो गए।

रात्रि को दो बजे के करीब नलिन मोहन जैन की बहुत तेज चीख नरेन्द्र मोहन जैन एवं शालिनी जैन को सुनाई पड़ी। वे लोग भागे-भागे नलिन मोहन जैन के कमरे में आए। नलिन मोहन जैन घबड़ाकर उठ बैठे।

माँ ने पूछा, "क्या हुआ बेटा, क्या हुआ, क्या हुआ?"

"जोंक-जोंक," नलिन मोहन जैन सिर्फ इतना बोले।

"क्या जोंक बेटा, क्या जोंक?" पिता ने पूछा। पिता के प्यार से पूछने पर नलिन मोहन जैन का भय कुछ कम हुआ और उनका आत्मविश्वास बढ़ा मगर फिर भी वे सिर्फ इतना ही बोल पाए, "मेरे पूरे शरीर में जोंकें रेंग रही हैं। वे मेरा पूरा खून चूस जाएँगी।"

"नहीं बेटा, हम ऐसा नहीं होने देंगे," नरेन्द्र मोहन जैन ने बेटे के सिर पर हाथ फेरते हुए कहा। वे समझ गए कि बेटा बुरी तरह घबरा गया है। उसकी घबराहट दूर करने के लिए वे वहीं बैठकर बात करने लगे और सारी रात यूँ ही बातों-बातों में कट गई। पापा ने कहा, "नलिन बेटा, रेस्ट एश्योर। तुम्हें इन कम्पनियों में काम नहीं करना पड़ेगा। हम अपने खर्च कम कर लेंगे पर अपने लाड़ले को इस नरक में नहीं जाने देंगे। हम अपनी जरूरतों की वजह से नहीं अपनी महत्त्वाकांक्षा की वजह से ज्यादा से ज्यादा कमाना चाहते हैं, अब हम जरूरत-भर ही कमाएँगे।" बातें करते-करते न जाने कब रात कट गई और आकाश में भोर का तारा दिखने लगा।

रोम जब जल रहा था, नीरो बाँसुरी बजा रहा था

'धम्म-धम्म, धम्म-धम्म, धड़ाम, धड़ाम, धम्म, धड़ाक, धम्म, धम्म, धड़ाम...' पिछले एक हफ्ते से मेरी नींद इसी तरह के शोर से खुलती है और फिर शुरू हो जाता है मेरे अन्दर का शोर। मेरे भीतर का शोर बाहर के शोर से कई गुना अधिक होता है। धुर्मुस की आवाज मुझे बहुत परेशान करती है, ऐसा लगता है कि धुर्मुस की चोट फर्श पर कम मेरे सीने में ज्यादा लगती है। एक-एक घटना छेनी और हथौड़े की तरह मेरे हृदय-स्थल को छीलती है और मेरे मन को तोड़ती है।

पड़ोस के तोताराम शास्त्री ने अपने लड़के को व्यापार कराने के लिए अपना मकान गिरवी रखकर बैंक से कर्ज ले रखा था। व्यापार फेल हो जाने के कारण वे बैंक का कर्ज वापस न कर पाए इसलिए बैंक उनका मकान गिरवाकर, क्योंकि बने-बनाये मकान का कोई खरीदार नहीं मिल रहा है, जमीन बेचेगा और फिर उससे अपना कर्ज पूरा करेगा और आधी जमीन पर तोताराम अपने रहने के लिए मकान बनवाएँगे, हालाँकि तोताराम अब इस मकान में रहने के कतई इच्छुक नहीं हैं।

"दम लगा के हइसा, जोर लगा के हइसा, हइसा, दम लगा के हइसा।" एक पुरानी हवेली गिर रही है, मजदूर इस आवाज के साथ इमारत को गिरा रहे हैं—'साहब, बीवी और गुलाम' सिनेमा की शुरुआत कुछ इसी अन्दाज में होती है। सिनेमा में एक घड़ी बाबू होते हैं जो रह-रहकर एक डायलॉग बोलते हैं—"मैं घड़ी बाबू बोल रहा हूँ, मैं नहीं रहूँगा, तुम भी नहीं रहोगे, यह हवेली भी नहीं रहेगी।" कहते हैं यह वाक्य इस सिनेमा की सिग्नेचर ट्यून है। मुझे लगता है कि तोताराम शास्त्री के जीवन की भी यही सिग्नेचर ट्यून है।

तब तक यह कॉलोनी बनी नहीं थी। आवास-विकास परिषद ने प्लाट काटकर आवंटित कर दिए थे मगर लोगों ने मकान बनवाना शुरू नहीं किया था। तब यह बहुत ही सुनसान इलाका हुआ करता था। रात कौन कहे, दिन में अकेले आने से लोग डरते थे। चन्द सरकारी अफसरों की कोठियाँ मसलन, एस.एस.पी. की बड़ी-सी कोठी और सी.एम.ओ. की उससे बड़ी कोठी, डी.आई.जी. की कोठी, इन आला अफसरों की खिदमत में लगे कारकूनों के छोटे-छोटे मकान, बस इतनी बसावट थी, इस पूरे एरिया में। हाँ, नवाब साहब की कोठी, जिसे लाल कोठी के नाम से जाना जाता है, भी इसी इलाके में थी। दरअसल इस कॉलोनी का एक बहुत बड़ा हिस्सा नवाब साहब की कोठी का हिस्सा हुआ करता था। नवाब साहब ठहरे बिगड़े हुए नवाब, खूब अय्याशी का जीवन जिया। खुदा का दिया हुआ सब कुछ था मगर औलाद नहीं थी। बहुत मान-मनौवल के बाद बुढ़ापे में एक औलाद वह भी चवन्नी कम (मानसिक रूप से अविकसित)। मानसिक रूप से कम होने के कारण नवाब साहब की औलाद वह छल-प्रपंच नहीं सीख पाई, इतनी बड़ी सम्पत्ति को बचाए रखने के लिए जिसकी दरकार होती है। लड़के पर कर्ज बहुत चढ़ गया था, उस कर्ज को उतारने के लिए सारी जमीन आवास-विकास परिषद को बेच दी गई और आवास-विकास परिषद ने पूरी जमीन को अपनी योजना में शामिल कर दिया और उसकी प्लाटिंग कर प्लाट लोगों में आवंटित कर दिए गए, ये प्लाट ही हमारे खेल के मैदान हुआ करते थे।

तब हम बहुत खिलंदड़े हुआ करते थे, वह उम्र ही ऐसी थी, किशोरावस्था। हमारे घर के आसपास कोई बड़ा मैदान न होने के कारण (जो मैदान थे भी वे कैंट एरिया में पड़ने के कारण प्रतिबन्धित क्षेत्र में पड़ते थे) हम बी. आई. बाजार से यहाँ खेलने आते थे। हम खूब खेलते। स्कूल से आकर घर पर बस्ता पटकते और जो भी मिल जाता खा-पीकर मैदान में आ जाते। अकसर जब हम इंटरवल में स्कूल में कुछ खा-पी लेते और हमें भूख महसूस नहीं होती तो हम सीधे मैदान में आ जाते और तब हमारे घरवाले हमें खोजते हुए मैदान में चले आते और हमें डाँटते-मारते घर ले जाते। जैसा कि देश में चलन है कि हर मध्यवर्गीय परिवार का लड़का क्रिकेट का खिलाड़ी बनना चाहता है, क्योंकि क्रिकेट में पैसा और ग्लैमर दोनों हैं। चुनाँचे हम ज्यादातर क्रिकेट खेलते। मगर बरसात के दिनों में मिट्टी पोली हो जाने के कारण गेंद टप्पा

नहीं खा पाती। तब हम ज्यादातर सुर्रा-पट्टी या कबड्डी खेलते। कभी-कभी फुटबाल भी खेल लेते थे।

बरसात का मौसम खत्म हो चुका था और उमस और चिपचिपाहट से निजात मिल चुकी थी, मगर धूप अभी भी तीखी थी। क्वार की धूप होती ही तेज है, कहते हैं, इस धूप में हिरण काले पड़ जाते हैं, चर्मकार लोग इसीलिए ज्यादातर क्वार में चमड़ा सुखाने का काम करते हैं। रोज की भाँति हम क्रिकेट खेलने के लिए मैदान में गए तो हमने देखा कि मैदान के हिस्से में चारों ओर मजदूर खुदाई कर रहे हैं और एक आदमी छाता लिये हुए उनके कार्य का मुआयना कर रहा था। हमें गुस्सा आया कि जिस मैदान में हम रोज खेलते हैं उसमें किसी ने इस तरह खुदाई करवाने की जुर्रत कैसे की, वह भी हम लोगों से बिना पूछे। खेलते-खेलते हम इस मैदान पर अपना मालिकाना हक मानने लगे थे और हमारे बीच बातचीत में इस मैदान के लिए 'अपना मैदान' शब्द ही निकलता, मसलन हम कहते हैं, 'हम लोगों का मैदान जी.आई.सी. मैदान से बड़ा है' या 'कैंट का मैदान हम लोगों के मैदान से ज्यादा साफ-सुथरा रहता है' आदि-आदि।

नवीन ने, जो हममें सबसे तेज-तर्रार था, उन मजदूरों की ओर देखकर, बड़े रोब से पूछा, "तुम लोग मैदान क्यों खोद रहे हो?"

"हम लोग मकान के लिए नींव खोद रहे हैं," मजदूरों में से एक ने कहा।

"मगर किससे पूछकर?" मुन्ना ने तैश में पूछा।

"बाबूजी के आदेश से," उसने उस छाते वाले व्यक्ति की तरफ इशारा करते हुए कहा।

हम लोगों की हिमाकत कि हम लोग बड़े ताव से छाते वाले व्यक्ति के पास पहुँच गए और पवन ने बड़े रोब से कहा, "हम लोग इस मैदान में खेलते हैं और आपने इस मैदान को खुदवा डाला।" दरअसल अब तक हम इसी भ्रम में थे कि यह मैदान सरकारी होगा और जो चीज सरकारी है वह चीज हमारी है, के सिद्धान्त के आधार पर हम रोब गाँठ रहे थे।

"तुम लोग इस मैदान में खेलते थे यह अच्छी बात है मगर मैं मजबूर हूँ, मेरा परिवार बढ़ गया है। मैं जिस मकान में रहता हूँ, वह मकान अब मेरे परिवार के लिए छोटा पड़ता है। अत: मैं अपना मकान बनवा रहा हूँ।" छाते वाले व्यक्ति ने बड़ी सहजता से कहा।

हम लोग अभी बात कर ही रहे थे कि निखिल, जो हम सब में सबसे बड़ा था, ने हमें धकियाते हुए कहा, "चलो ज्यादा बेकार की बहस करने से कोई फायदा नहीं, चलो, खेल शुरू किया जाए।"

"अरे यार, क्या बेकार की बहस कर रहे हैं हम लोग! अगला अपनी जमीन पर मकान भी नहीं बनवा सकता क्या?" किसी ने कहा।

"अरे यह तो उनकी शराफत है कि हमसे इतने प्यार से बात कर ली, वरना दूसरा होता तो हमें खदेड़ देता," गोबिन्द ने कहा।

"गनीमत यही है कि हमसे यह नहीं कहा जा रहा है कि इतने दिन हमारी जमीन पर खेला है, उसका किराया दो," निखिल ने कहा।

"हम लोग आज खेलेंगे नहीं क्या? या यूँ ही बातें करते रहेंगे?" नवीन ने कहा।

"हाँ, हाँ, फालतू बातें बन्द करके हमें खेलना चाहिए।" समवेत स्वर में कहा गया। अभी भी हमारे खेलने के लिए पर्याप्त जगह बाकी थी। अनेक प्लाट अभी खाली पड़े थे, बीसियों प्लाट में से सिर्फ एक प्लाट में निर्माण कार्य हो रहा था।

हमने खेलना शुरू किया, मगर सच यह था कि हममें से किसी का भी खेलने में मन नहीं लग रहा था। हम सभी के मन में उत्कंठा थी बनते हुए मकान को देखने की। हममें से किसी ने भी अब तक पूरा मकान बनते नहीं देखा था। बनते हुए मकान का एक अलग थ्रिल होता है। मकान बनने की पूरी प्रक्रिया गतिविधियों से परिपूर्ण होती हैं। गौरैया को कभी नीड़ बनाते देखिए। वह कितना खुश और व्यस्त रहता है, क्योंकि घोंसला देखकर चिड़िया तय करती है कि उसे चिड़वे के साथ रहना है या नहीं। एक-एक तिनके को चुनकर बनाता है वह अपने नीड़ को। मनुष्य का नीड़ बनाना तो और भी जटिल और कठोर उद्यम होता है। मकान की नींव खोदना फिर नींव पर ढाँचा खड़ा करना, नक्शे के हिसाब से कमरे, दालान, आँगन, बाथरूम आदि बनवाना। तोताराम बहुत रुचि लेकर एक-एक चीज बनवा रहे थे। छोटी से छोटी बातों का ध्यान रख रहे थे, मगर बाथरूम बनवाने के समय वे खास रुचि ले रहे थे। बाथरूम में बाथटब बड़े शौक से बनवाया। बाथटब बनवाना उस समय अल्टीमेट था, क्योंकि टब बनवाना रईसी की निशानी थी।

एक दिन हमें तोताराम के साथ एक तेरह-चौदह साल का गबद्दू-सा, नुकीली नाक वाला लड़का अपनी चमाचम रेले साइकिल के साथ टनाटन

घंटी बजाता दिखा। हम सब उसके पास जाकर खड़े हो गए उसकी साइकिल देखने, मगर उसने हमें जरा भी लिफ्ट नहीं दी। उसमें एक ठसक थी। हम सभी साइकिल को बड़ी ललचाई नजर से देख रहे थे। हममें से एकाध ने उसे कुतूहल से छुआ भी। फिर हम देर तक साइकिल की खूबी के बारे में बातें करते रहे। वह लड़का बहुत स्टाइल से साइकिल चला रहा था, ज्यादातर एक हाथ छोड़कर कभी-कभी दोनों हाथ छोड़कर नमस्ते करने की कोशिश करता जैसा कि वह साइकिल सवार करता था जिसने कुछ ही दिनों पहले एक मैदान में दो दिन तक अहर्निश साइकिल चलाई थी। मगर लड़का हाथ छोड़कर साइकिल चलाने में सफल नहीं हो पा रहा था। एक बार तो वह गिरते-गिरते बचा। लड़के का नाम अशोक था, अशोक कुमार खंडेलवाल। धीरे-धीरे मकान बनता रहा और इस दौरान हमारी अशोक कुमार से कई मुलाकातें हुईं, हमारे बीच कुछ सम्बन्ध बना भी, फिर भी वह एक चलताऊ किस्म का सम्बन्ध ही रहा।

शनैः-शनैः हमारा मैदान में आना कम हो गया क्योंकि तोताराम की देखा-देखी कुछ और लोग भी अपने प्लॉट पर घर बनवाने लगे थे और उनका ईंट-गारा, बालू-मिट्टी आदि उसी मैदान में रहता, अतः मैदान में हमारे खेलने लायक जगह ही नहीं बची। चुनाँचे हमने विकल्प के रूप में सदर में एक मैदान खोज लिया और हमारा इस मैदान में आना पूरी तरह से बन्द हो गया।

एक दिन खबर मिली कि अशोक कुमार ने हाईस्कूल प्रथम श्रेणी में पास कर लिया है और अंग्रेजी एवं साइंस में उनका डिस्टिंक्शन है। उस साल हमारे विद्यालय के रिजल्ट की धूम थी, विद्यालय का परीक्षाफल कई वर्षों बाद बहुत अच्छा रहा। दो दर्जन लड़कों ने प्रथम श्रेणी प्राप्त की, जिसमें कई के विभिन्न विषयों में डिस्टिंक्शन था, पचास से ज्यादा लड़के सेकेंड क्लास पास हुए थे। बाकी सभी लड़के तृतीय श्रेणी में पास थे। एकाध लड़का ही शायद फेल हुआ होगा। दरअसल इतने अच्छे रिजल्ट के पीछे भी एक रहस्य था। थोड़े दिन पहले ही हमारे कॉलेज में अध्यापकों की भर्ती हुई थी, उनमें एक आवेदक ऐसा भी था जो बोर्ड ऑफिस में 'एन. आर. डब्लू.' के रूप में काम करता था। मैनेजमेंट ने दूरदृष्टि का परिचय देते हुए उसका चुनाव कर लिया। "आखिर बोर्ड ऑफिस में काम कर चुका है, तो वहाँ के गुर जानता होगा, उसका बोर्ड ऑफिस में अच्छा-खासा परिचय भी होगा, उसकी सेवाएँ

लेकर कॉलेज के रिजल्ट को सुधारा जा सकता है।" मैनेजमेंट में आपस में राय बनी और उसे अध्यापक रख लिया गया और अध्यापक ने अपने परिचय का पूरा लाभ विद्यालय को दिया। इसके थोड़े दिन बाद पिताजी का स्थानान्तरण बरेली से इलाहाबाद हो गया और हम लोग तोताराम एवं अशोक कुमार से पूरी तरह कट गए।

2

रैगिंग के भय ने विश्वविद्यालय में मेरे एडमिशन हो जाने के उत्साह को ठंडा कर दिया। जी हाँ। डेलीगेसी के लड़कों की भी रैगिंग होती थी। किसी सुनसान जगह पर आठ-दस लड़के खड़े हो जाते मुर्गों (फ्रेशर्स) की तलाश में। मुर्गों की संख्या ज्यादा हो तो भी कोई फर्क नहीं पड़ता था, हाँ, सिर्फ इतना फायदा होता था कि कई लड़कों के साथ होने पर हैरेसमेंट कम हो जाता था। मगर कहीं कोई अकेला मुर्गा फँस गया तो फिर क्या कहने? वैसे तो मैं ग्रुप में घूमता, मगर मेरे ज्यादातर साथी हॉस्टल के थे इसीलिए पी.सी.बी. हॉस्टल या डायमंड जुबिली हॉस्टल से एकदम अकेले जाने में डर लगता था, क्योंकि रैगिंग का हिंटर लैंड कम्पनी बाग तक रहता था, यहाँ तक मैं डरा-सहमा रहता। मैं कई दिन तक भय के कारण अपनी क्लास अटेंड नहीं कर पाया था। मेरे भाई लोग मेरी लिहाड़ी लेते, और कहते—'और ले विश्वविद्यालय में एडमिशन, बहुत कह रहे थे न कि महाविद्यालय, महाविद्यालय होता है और विश्वविद्यालय, विश्वविद्यालय होता है, कॉलेज में इंडिविजुएलिटी सिखाई जाती है, जबकि यूनिवर्सिटी में यूनिवर्सिलिटी पढ़ाई जाती है। दोनों जगह के अध्यापकों के नजरिये में जमीन-आसमान का फर्क होता है।' भाइयों ने कहा, "यहाँ ई.सी.सी. (ईविंग क्रिश्चियन कॉलेज) में एडमिशन लेते तो रैगिंग से बच जाते। यहाँ किसकी इतनी जुर्रत है कि रैगिंग ले ले, आखिर तो यह अपना ही इलाका है।" हालाँकि भाई लोग जब यह कहते तो अन्दरखाने कुछ ईर्ष्या का भाव भी रहता, अपने परिवार में मैं ही पहला व्यक्ति था जिसका विश्वविद्यालय में एडमिशन हो पाया था, क्योंकि मैंने प्रवेश परीक्षा पास कर ली थी।

कम्पनी बाग के बाद से मैं सड़क के दोनों ओर इस तरह से सतर्क होकर चल रहा था, गोया जंगल में हिरण। मेरी हालत 'चरण धरत चिन्ता करत चितवत

चारों ओर' वाली थी। अभी मैं हिन्दू हॉस्टल के सामने वाले गेट से साइंस फैकल्टी में प्रवेश कर ही रहा था कि मैं धर लिया गया। चार-पाँच लड़कों का गुट एक पेड़ के नीचे खड़ा था। उनमें से एक ने मुझे बुलाया, "ऐ सुथनी सहाय, इधर आओ।" ऐसा वो मेरे पाजामा-कुर्ता पहने होने के कारण कह रहा था। मैं उसकी बात समझ नहीं पाया फिर भी मैं उसके इशारे को समझकर उसके पास चला गया। अभी मैं उसके पास पहुँचा ही था कि उसने मेरे आगे के घुँघराले बालों की लटों को बड़ी जोर से पकड़ते हुए कहा, "कल यह जुल्फें साफ हो जाएँ और इसकी जगह घुटी चाँद हो जाए।" अभी वह लड़का अपनी बात पूरी भी नहीं कर पाया था कि सामने से दुबला-पतला लम्बा-सा नौजवान, जिसकी नाक बहुत नुकीली थी, ने अपनी साइकिल को वहीं रोककर साइकिल खड़ी की और उस लड़के के पास जाकर कहा, "बजरंगी, दिस इज वेरी बैड।" और उसके हाथ से मेरी जुल्फें छुड़ाते हुए कहा, "इट्स वेरी ह्यूमिलेटिंग एंड बिलो ह्यूमन डिग्निटी।"

"क्या सर, आपने आया शिकार हाथ से निकल जाने दिया!"

"बजरंगी, ही इज नाट ए शिकार, ही इज माई ब्रदर," फिर मेरी तरफ देखकर पूछा, "बरेली से आए हो क्या?"

"नहीं, मैं इसी शहर का हूँ, बरेली काफी समय रहा हूँ।" मैंने उसकी तरफ गौर से देखते हुए कहा। मुझे लगा यह व्यक्ति कहीं देखा हुआ है (खास तरह का नुकीलापन लिये हुए 'इसकी नाक' बहुत जानी-पहचानी लग रही थी।) मैं अभी मन ही मन सोच ही रहा था कि उन्होंने फिर पूछा, "मुझे पहचानते हो?"

"हाँ," मैंने यूँ ही कह दिया, हालाँकि मैं उसे पहचान नहीं पा रहा था, मेरे लिए बहुत ही इम्बैरसिंग पोजीशन हो गई थी कि मुझसे सीनियर व्यक्ति मुझे पहचान रहा है मगर मैं उसे नहीं पहचान पा रहा हूँ।

मैंने अपने दिमाग पर जोर डाला तो मुझे याद आ गया—"जी, आप बरेली आवास-विकास में रहते थे, हम लोग भी पास ही में बी. आई. बाजार में रहते थे, मेरे पिता उस समय सदर बाजार में टेलीफोन एक्सचेंज में टेलीफोन ऑपरेटर थे," मैंने तेज गति के समाचार की तरह कहा।

"यहाँ कहाँ रहते हो?"

"यहीं डेलीगेसी में, शहर के रानीमंडी मुहल्ला में, मेरे पिताजी बरेली से स्थानान्तरित होकर अपने गृह जनपद आ गए हैं।"

"मैं यहाँ ए. एन. झा हॉस्टल में रहता हूँ। कमरा नं. 21 है, आते रहना।" हमारे बीच संक्षिप्त-सी बातचीत हुई। मैं उसकी दो बातों से बहुत प्रभावित हुआ, पहली तो ए. एन. झा हॉस्टल में रहने के कारण। ए. एन. झा हॉस्टल में रहना हम स्टूडेंट्स के बीच एक प्रतिष्ठा की बात थी। दूसरी, उनका मेरे प्रति सौजन्यपूर्ण व्यवहार। मैं महसूस करता कि हॉस्टल में उनकी छवि एक पढ़ाकू लड़के की है और उनकी लर्निंग का बहुत ऑरा या प्रभामंडल था। प्राय: लड़के उनसे पुस्तकों आदि के सम्बन्ध में गाइडेंस लेने आते।

मुहावरा है, 'उँगली पकड़कर पहुँचा पकड़ना।' अब अशोक कुमार जी ने मुझे उँगली पकड़ा दी थी, तो उनका पहुँचा पकड़ना मेरा फर्ज बनता था। चुनाँचे मैं उनके हॉस्टल आने-जाने लगा। मेरे लिए यह कम प्रिविलेज की बात नहीं थी कि मैं अपने से इतने सीनियर व्यक्ति के सम्पर्क में था। मैं अब अकसर उनके पास जाता। जब वे थके हुए होते थे सिर्फ एक कप चाय पिलाकर वापस कर देते, मगर कभी-कभी जब वे इत्मीनान से होते तो घर-परिवार, पढ़ाई-लिखाई और देश-दुनिया की बात विस्तार से करते। उनकी बातों से प्राय: असफलता का बोध टपकता, अपनी बातचीत में फ़िराक़ के इस शे'र को वे अकसर कहते—

जो कामयाब है, इस दुनिया में उनकी कहिए क्या?
हैं भले आदमी इससे बढ़कर तौहीन क्या?

मेरे जैसे व्यक्ति के लिए, जिसका हाईस्कूल में मामूली-सा सेकेंड क्लास और इंटरमीडिएट में 'गुड सेकेंड' क्लास हो, यह एक बड़े आश्चर्य की बात थी कि जिस व्यक्ति का हाईस्कूल और इंटरमीडिएट में प्रथम श्रेणी में विशेष योग्यता के साथ हो वह इस तरह निराशा की बातें करे। मगर धीरे-धीरे उनकी बातों से मैंने जो निष्कर्ष निकाला वह यह था कि वे भी उसी मर्ज के मरीज थे जिससे उस समय साइंस से इंटरमीडिएट किए हुए छात्र हुआ करते थे।

साइंस इंटरमीडिएट में उस समय दो कॉम्बिनेशन हुआ करते थे, पहला— फिजिक्स, केमेस्ट्री और मैथ (मैथमैटिक्स) तथा दूसरा—फिजिक्स, केमेस्ट्री एवं बायलोजी। फिजिक्स, केमेस्ट्री और मैथ काम्बीनेशन लेने का मतलब था कि लड़का आगे चलकर इंजीनियर बनेगा और बड़े-बड़े पुल बनाएगा जो अपने नियत समय से बहुत पहले गिर जाएँगे क्योंकि उनमें मोटा कमीशन पुल बनने से पहले ही खाया गया होगा। इसीलिए कहा जाता है कि हमारे यहाँ पुल या

सड़कें जनता के चलने के लिए नहीं बनवाए जाते बल्कि कमीशन खाने के लिए बनवाए जाते हैं।

इसी दूरदृष्टि के कारण पुल या सड़कों का निर्माण चुनाव के आसपास होता है।

यदि लड़का फिजिक्स, केमेस्ट्री और बायोलॉजी लेकर इंटरमीडिएट करता है तो वह पी.एम.टी. निकालकर डॉक्टर बनेगा और मरीजों को बिना जरूरत की दवाइयाँ लिखकर दवा कम्पनियों से मोटा कमीशन खाएगा।

आम छात्रों की तरह अशोक कुमार जी भी इंजीनियरिंग के कई इम्तिहानों में बैठे, मगर किसी में भी सफल नहीं हो सके। उनके जैसे कैरियरिस्ट व्यक्ति के लिए यह एक बड़ा धक्का था। कैरियरिस्ट व्यक्ति का सारा जीवन एक मानसिक यातना का जीवन होता है, क्योंकि उसको जो मिला होता है वह उससे सन्तुष्ट नहीं होता और वह उससे आगे की पाने की सोचने लगता है। ईश्वर ने उसे जो दिया है उसके प्रति उसमें कृतज्ञता का भाव नहीं होता है, मगर जो नहीं दिया है उसके प्रति शिकायत का भाव जरूर होता है। एक बात जरूर थी कि अशोक कुमार जी ने इंजीनियरिंग की जो भी परीक्षाएँ दी थीं बहुत ही गोपनीय ढंग से दी थीं जिस कारण उनकी असफलताओं के बारे में किसी को पता नहीं चला।

"अब साइंस पढ़ने का कोई महत्त्व नहीं है, क्योंकि अब तो सिर्फ सिविल सर्विसेज का ही स्कोप रह गया और सिविल सर्विसेज में तो आर्ट्स के सब्जेक्ट ही काम आते हैं," यह सोचकर अशोक कुमार जी ने बी. ए. में एडमिशन ले लिया। विषय थे—अंग्रेजी (साहित्य), फिलॉसफ़ी और इकोनॉमिक्स। अंग्रेजी साहित्य इसलिए कि इसी बहाने अंग्रेजी लैंग्वेज से टच बना रहेगा और फिलॉसफ़ी एवं इकोनॉमिक्स दो विषय सिविल सर्विसेज के लिए। इकोनॉमिक्स का एक फायदा ये भी था कि वे आई. ई. एस. (इंडियन इकोनॉमिक्स सर्विसेज) के इम्तिहान में भी बैठ सकते थे। अपने घरवालों को अशोक कुमार जी ने यह समझाया था कि "मेरा इंजीनियरिंग के इम्तिहान में पास न होना, दरअसल 'बून इन डिस्गाइज़' है। दरअसल ईश्वर ने मेरे लिए इससे बड़ी जगह मुकर्रर कर रखी है। उन्होंने अपनी बात इतने तार्किक और संजीदा अन्दाज से रखी कि उनके परिवार वालों ने उनकी बातों पर विश्वास कर लिया। वैसे भी यह उनकी पहली असफलता थी इसलिए उनके परिवार वालों पर इसका कोई असर नहीं पड़ा। अशोक कुमार जी अपनी पढ़ाई को

लेकर जितने संजीदा थे उससे कहीं अधिक अपने प्रभामंडल को बनाए रखने में। अपने प्रभामंडल को बनाए रखने के लिए एक सोची-समझी योजना के तहत कुछ काम किए। सबसे पहले उन्होंने बी. ए. में अंग्रेजी मीडियम चुना (उस समय तक हिन्दी मीडियम का विकल्प उपलब्ध था) क्योंकि अंग्रेजी मीडियम में पढ़ने से ही रोब जमता है। वे यह कहने में फख्र महसूस करते कि उन्हें हिन्दी ठीक से नहीं आती (आई एम नॉट वेलवर्स्ड इन हिन्दी)। उनका दूसरा बहाना यह होता कि हिन्दी में कोई स्टैंडर्ड किताब कहाँ मिलती है, जितने नामचीन लेखक हैं, सब अंग्रेजी में ही लिखते हैं। हिन्दी में या तो स्तरहीन पुस्तकें होती हैं या अनूदित। अब अनूदित पुस्तकें पढ़ने से तो अच्छा है कि ओरिजनल अंग्रेजी में ही पढ़ा जाए, क्योंकि हिन्दी में अनुवाद ठीक नहीं होता मगर इन तर्कों के पीछे मुख्य ध्येय अपने को अंग्रेजीदाँ दिखाने का होता। क्योंकि अंग्रेजीदाँ लोगों का समाज में जो आदर होता है, वैसा और किसी भी वर्ग का नहीं होता है।

वे धाक जमाने के लिए हमेशा एक मोटी सी किताब रखते। हालाँकि धाक कम जमती, मजाक ज्यादा बनता और प्रवाद फैलता। मसलन प्रवाद फैला कि "अशोक कुमार ने लाइब्रेरी की मोटी-मोटी किताबें चुरा ली हैं और उन्हीं को लेकर दिन-भर यूनिवर्सिटी में घूमता रहता है," किताब लेकर चलने का मजाक भी खूब बनता। एक दिन डिपार्टमेंट के एक चपरासी ने उनके हाथ में एक मोटी सी किताब देखकर बड़ी मासूमियत से पूछा था, "भइया इ हाथ में का लिए फिरते हो!"

"बुक है, बुक, पुस्तक है, पुस्तक।"

"इ का होता है, भइया?"

"किताब है किताब, पढ़ने के लिए," उन्होंने इशारे से समझाया।

"दइया रे, दइया, इतनी मोटी किताब, हम तो समझा कौनों को मारे के लिए ईंटा लिए घूमत हौ।"

"स्टुपिड गाई," अशोक कुमार जी ने स्पष्ट स्वर में कहा, क्योंकि उन्हें पूरा विश्वास था कि चपरासी इसका सही अर्थ नहीं समझ पाएगा।

एक दिन एक मित्र ने पूछा, "अशोक कुमार, अपने दिमाग के डायरेक्टली प्रपोर्शनेट किताब लिये क्यों घूमते रहते हो।"

वे समझ नहीं पाए तो मित्र ने समझाया कि अपनी मोटी बुद्धि की तरह

मोटी-मोटी किताबें लेकर क्यों घूमते हो? तब उन्होंने झेंप मिटाने के लिए कहा, "गुड ह्यूमर, गुड ह्यूमर। यू हैव गुड सेन्स ऑफ ह्यूमर।"

लम्बी प्रतीक्षा के बाद जब परीक्षाफल आया तो उसने अशोक कुमार जी को बहुत निराश किया। मामूली-सा सेकेंड क्लास, पचास प्रतिशत मार्क्स थे। इस रिजल्ट ने सभी को आश्चर्यचकित कर दिया, क्योंकि सभी को आशा थी कि "हो न हो, इस बार अशोक कुमार बी. ए. में टॉप करेंगे और फिलॉसफ़ी में वह ऑल टाइम रिकॉर्ड तोड़ेंगे।" परीक्षा देने के बाद अशोक कुमार जी को यह तो अन्दाज हो गया था कि परीक्षा में वे आशानुकूल परिणाम नहीं दे पाएँगे मगर इतने कम मार्क्स की उन्हें भी उम्मीद न थी। दर्शनशास्त्र के प्रथम प्रश्न पत्र ने, जिससे उन्हें सबसे अधिक उम्मीद थी, बहुत नाउम्मीद किया। अशोक कुमार जी यह समझ ही रहे थे कि गलती कहाँ हुई है। उन्हें फिलॉसफी के फर्स्ट पेपर ने डुबोया, इसमें उन्हें डेढ़ सौ में सिर्फ साठ नम्बर मिले। दरअसल पहले प्रश्न-पत्र में, उन्होंने पहला प्रश्न जो टेक अप किया, उसमें उनकी बहुत अच्छी तैयारी थी, इसलिए इस प्रश्न-पत्र में उन्हें पूरा एक घंटा लग गया। तीन घंटे में पाँच प्रश्न करने रहते थे, इस प्रकार एक प्रश्न के लिए छत्तीस मिनट मिलते थे, अब छत्तीस मिनट के प्रश्न में साठ मिनट लग जाएँ तो और प्रश्न मैनेज होना असम्भव हो जाता है, प्रश्न-पत्र को सुधारने का प्रयास किया मगर इस तरह की मन:स्थिति में बहुत सुधार नहीं किया जा पाता। चुनाँचे फिलॉसफी में उन्हें खींचतान कर नब्बे नम्बर ही मिल पाए। जबकि इसमें उन्हें कम से कम एक सौ बीस नम्बर की उम्मीद थी, इस प्रकार बी. ए. प्रथम वर्ष में उनको मामूली सा सेकेंड क्लास ही मिल पाया।

इस निराशा की स्थिति में लोगों की प्रतिक्रियाएँ आग में घी का काम करतीं। कोई कहता—"मैं तो कह रहा था कि वह सिर्फ फोकस मारता है फोकस, उसका तो पूरा व्यक्तित्व ही फरेब है, फरेब।"

"वह रट्टू है, रट्टू रटंत विद्या घटंत बुद्धि।"

"मोटी-मोटी किताबें दगा दे गईं।"

"कन्फ्यूज़ नहीं, पगला गया।"

"काबिलियत और कामयाबी के बीच कोई सम्बन्ध नहीं होता।"

"इम्तिहान में अच्छा करना भी एक प्रकार का नैक होता है नैक।"

"यह भी एक कला है।"

"नहीं, विज्ञान है।"

"नहीं, विज्ञान और कला दोनों हैं।"

सबसे कड़वी बात घनश्याम ने कही, थर्डरेटर घनश्याम ने, संयोगवश जिसे फ़िलॉसफ़ी में अशोक कुमार जी से अधिक नम्बर मिले थे, "मोटी-मोटी किताबों से सिर्फ ज्ञान मिलता है नम्बर तो सिर्फ 'मेड-ईजी' से मिलता है। इसीलिए तो इसे कुंजी कहते हैं, कुंजी। कुंजी, जो इम्तिहान का ताला खोलती है...आदि...आदि।"

वे इन प्रतिक्रियाओं को सुनते और तिलमिला जाते मगर खुलकर कोई प्रतिक्रिया नहीं व्यक्त करते, यूँ दिखावा करते जैसे उन्होंने सुना ही नहीं। वे खुलकर प्रतिक्रिया व्यक्त करके अपने ऑरा को कम नहीं करना चाहते थे। सेकेंड क्लास आने से उनके 'ऑरा' में थोड़ी कमी तो आई मगर यह पूरी तरह से खत्म नहीं हुआ था। यह पहले की तरह ही कायम रहे, इसके लिए उनके द्वारा काफी प्रयास भी किया जाता। पुस्तकें खरीदने की उनकी सनक और भी बढ़ गई। पहले वे सिर्फ वही पुस्तकें खरीदते थे जिन्हें 'कोर्स की' कहा जाता है, मगर अब वे उन पुस्तकों को खरीदने लगे जिनका कोर्स से दूर-दूर तक सम्बन्ध नहीं रहता था, जिन्हें खरीदकर आप बुद्धिजीवी कहला सकते थे। किताबें खरीदने की उनकी आदत बढ़ती जा रही थी। वह एक प्रकार के मीनिया या रोग का रूप लेती जा रही थी। लोग अकसर मजाक भी बनाते—"मूर्ख किताबें खरीदते हैं और बुद्धिमान इन्हें पढ़ते हैं।" और यही सही भी था, इन किताबों को वे शायद ही पढ़ते रहे हों, क्योंकि सेकेंड इयर में उन्हें फर्स्ट इयर के मार्क्स को कवर भी करना था, इसलिए वे अतिरिक्त सतर्कता बरत रहे थे। मगर फर्स्ट इयर में इतना बिगड़ चुका था कि बहुत सुधारने पर भी बी. ए. में थोड़े से नम्बर से उनका फर्स्ट क्लास आने से रह गया। एम. ए. उन्होंने फिलॉसफी में ही ज्वाइन किया। एम. ए. में वे प्रथम वर्ष तक सजग रहे, चुनाँचे एम. ए. में उन्होंने अच्छी प्रथम श्रेणी (सत्तर प्रतिशत मार्क्स) प्राप्त की। इसका सीधा असर यह हुआ कि उनका ऑरा फिर स्थापित होने लगा।

एक दिन मैं अशोक कुमार जी के हॉस्टल में मिलने गया तो हॉस्टल में बड़ी सरगर्मी दिखाई दी। पता चला पी. सी. एस. का फार्म भरने में व्यस्त थे। किसी ने अशोक कुमार जी से कहा, "आप भी पी. सी. एस. का फार्म भर दीजिए।" वे चुप रहे। उसने दोबारा कहा तो उन्होंने संक्षिप्त-सा जवाब दिया, "मैं

साढ़े चार सौ कि.मी. दूर से यहाँ पी. सी. एस. बनने नहीं आया हूँ। मैं बनूँगा तो आई. ए. एस. ही। नहीं तो अपने घर का बिजनेस सँभालूँगा।" उन्होंने मुँह से तो नहीं कहा, मगर उनकी बॉडी लैंग्वेज में पी. सी. एस. के अभ्यर्थियों के प्रति हिकारत का भाव नोटिस किया जा सकता था।

उन्हीं दिनों कोठारी कमीशन की रिपोर्ट लागू हुई थी और कम्बाइंड सिविल सर्विसेज़ की चुनाव प्रक्रिया में आमूलचूल परिवर्तन किया गया। सबसे महत्त्वपूर्ण परिवर्तन तो यही हुआ कि परीक्षा को दो भागों में बाँटा गया—'प्रीलिम्स' एवं 'मेन'। मेन परीक्षा के पहले प्रीलिम्स परीक्षा का प्रावधान कर दिया गया था। प्रीलिम्स की पहली परीक्षा होने के कारण इसकी बड़ी धूम थी। हॉस्टल में जिसे देखो वही प्रीलिम्स की परीक्षा पास कर गया। मगर परवरदिगार, खुदा, भगवान, गॉड, वाहे गुरु जी—तू जो भी हो, खूब खेल खेलता है, तुझे चढ़ाने और गिराने के खेल में बड़ा मजा आता है। किसी को इतना चढ़ा दिया कि उसका नीचे उतरना मुश्किल और किसी को इतना गिरा दिया कि उसका उठकर खड़े होना भी मुश्किल। तू कुछ लोगों के प्रति इतना क्रूर क्यों हो जाता है। हॉस्टल से ज्यादातर लोगों ने प्रीलिम्स की परीक्षा निकाल ली थी, मगर अशोक कुमार जी प्रीलिम्स में ही रह गए।

प्रीलिम्स न निकाल पाना उनके लिए 'वाटरलू' साबित हआ। हॉस्टल में हर ग्रेजुएट के पास नारा था, 'प्रीलिम्स निकाल लिया है, मेन्स की तैयारी कर रहा हूँ।' एक से एक लद्धड़, बिग डफर, ईडियट 'मेन्स' दे रहे थे और उनके प्रति सहानुभूति प्रकट कर रहे थे, "कहाँ गड़बड़ हो गया, आपका तो एकदम श्योर था।" कहकर आग को कुरेदते। हॉस्टल में उनके साथ कुछ ऐसा गुजर रहा था कि 'कुछ तो दुनिया की इनायत ने दिल तोड़ दिया और कुछ तल्खिए हालात ने दिल तोड़ दिया।' "कहाँ गड़बड़ हो गई?" इस वाक्य को सुनते-सुनते उनके कान पक गए थे, उन्होंने अपने कमरे से निकलना बन्द कर दिया, बहुत मजबूरी में ही निकलते, मगर जिनका उद्देश्य उनकी लिहाड़ी लेना होता वे बहाने-बहाने से उनके कमरे में आते और उनका मखौल उड़ाते। आजिज आकर उन्होंने हॉस्टल छोड़ दिया और जहाँ वे रहते थे, मेरे रास्ते के विपरीत दिशा में पड़ता था इसलिए मैंने उनकी रिहाइश तलाशने की कोशिश नहीं की। वैसे भी अब उनका प्रभामंडल समाप्त हो चुका था और मेरे भीतर एक मध्यवर्गीय टुच्चापन प्रवेश कर चुका था जो हर सम्बन्ध को स्वार्थ की तराजू से तौलता है, और अब

वे मेरे स्वार्थ की परिधि से बाहर हो चुके थे, अत: मैंने उनकी रिहाइश तलाशने की कोशिश नहीं की।

अब अशोक कुमार जी से मुलाकात किताब की दुकानों में हो जाती। पुस्तकें पढ़ने और उससे भी ज्यादा उन्हें खरीदने का उनका रोग बढ़ता ही जा रहा था। वे मन मारकर एक-एक पैसा बचाते और पुस्तकें खरीदते। स्थिति यह थी कि यूनिवर्सिटी रोड की किसी भी दुकान में कोई महँगी किताब आती तो दुकानदार किसी माध्यम से उनहें सूचित करता। उनके पुस्तक प्रेम में भी कुछ जटिलताएँ थीं। पहली बात, वे अंग्रेजी पुस्तकें ही खरीदते थे, हिन्दी की पुस्तक बिलकुल भी नहीं खरीदते थे, स्वेच्छा से हिन्दी की उन्होंने एक पुस्तक खरीदी थी, दिनकर की संस्कृति के चार अध्याय। यह पुस्तक भी उन्होंने इसलिए खरीदी थी कि पं. जवाहरलाल नेहरू ने इसकी भूमिका लिखी थी। वे कहा करते थे, 'हिन्दी की उच्च कोटि की पुस्तक भी अंग्रेजी की पुस्तक के आगे द्वितीय कोटि की होती है। हिन्दी जाहिलों की भाषा है, हिन्दी के लेखक श्रम नहीं करते, हिन्दी की शब्द सम्पदा बहुत कम है, इसलिए इसमें अंग्रेजी के कई शब्दों के लिए एक ही शब्द का प्रयोग होता है जिस कारण सब्जेक्ट ठीक से कम्युनिकेट नहीं हो पाता है। हिन्दी में या तो भदेस शब्द होते हैं या क्लिष्ट एवं संस्कृतनिष्ठ। मसलन स्टेशन और रेलगाड़ी को ले लो। स्टेशन के लिए शब्द है, 'भकभक अड्डा', जो कि निहायत ही भदेस शब्द है और रेलगाड़ी के लिए शब्द है, 'लौह-पथ गामिनी' जो न सिर्फ संस्कृतनिष्ठ है, बल्कि क्लिष्ट भी है...आदि-आदि। दूसरी बात किताब महँगी होनी चाहिए, 'सस्ती किताब अच्छी हो ही नहीं सकती,' ऐसा उनका मानना था,' वे कहते, "चीप इज आलवेज चीप।" तीसरी बात जो किताब किसी आसपास के व्यक्ति के पास होती वह उनकी नजर में गिर जाती और वह खरीदने लायक नहीं होती। "सर्व-सुलभ वस्तु सर्वोत्तम नहीं हो सकती", उन्होंने कहीं से रट रखा था। चौथी बात विदेशी लेखक और विदेशी प्रकाशक की पुस्तकों को जरूर खरीदते, भले ही वह कूड़ा ही हो। उनके बारे में लोग कहते, "पता नहीं अशोक कुमार वोरेशस रीडर हैं या नहीं मगर उनके वोरेशस परचेज़र होने में कोई शक नहीं है।" उनके बारे में लोगों के मत विभिन्न थे। कुछ लोग कहते थे, कि वे सिर्फ किताबें खरीदते थे, पढ़ते नहीं थे। उनकी सबसे बड़ी ख्वाहिश थी कि लोग उन्हें बुद्धिजीवी मानें और इसके लिए जरूरी था कि वे पुस्तक प्रेमी दिखें। दूसरे लोगों का मत था कि वे पुस्तक खरीदते भी थे और

पढ़ते भी थे। पुस्तकों की दुनिया में रमण करने से उनका असफलताबोध थोड़ा कम हो जाता था। यह एक तरह का पलायन था, अपने यथार्थ से आँख चुराना था, शुतुर्मुर्गीय प्रवृत्ति थी यह।

मैं अपना ग्रेजुएशन भी नहीं कम्पलीट कर पाया था कि मुझे बैंक में नौकरी मिल गई और विश्वविद्यालय से मेरा नाता टूट गया। परिणामत: अशोक कुमार जी से मेरा सम्पर्क टूट गया था। मैं अपनी जिन्दगी की मसरूफियत में लगा रहा, इसीलिए अशोक कुमार जी का हालचाल नहीं पता था। वैसे भी हमारे बीच इतनी प्रगाढ़ता नहीं थी जितनी आपस में दोस्तों में होती है। वे मुझसे सीनियर थे और वे सीनियरिटी मेन्टेन भी करते थे।

एक दिन मैं अपने एक रिश्तेदार को नौचन्दी ट्रेन में बैठाने स्टेशन गया। प्लेटफार्म पर अशोक कुमार जी मिल गए। उनके साथ बहुत सारा सामान था, कई बक्से, कई अटैची, होल्डऑल और ढेर सारे गृहस्थी के सामान। मैंने पूछा, "कहाँ जा रहे हैं?"

"रिटर्निंग होम बैग एंड बैग्स, खाली हाथ और बहुत बेआबरू होकर आपके शहर से जा रहा हूँ। आपका शहर बहुत निष्ठुर है।" अशोक कुमार जी ने कहा। उनके अन्दाज में थोड़ी तल्खी थी।

"दोष मेरे शहर का नहीं, आपकी ख्वाहिशें ही इतनी ऊँची थीं," मैंने कहा।

हम काफी देर तक देश और दुनिया की बातें करते रहे। मैंने गौर किया कि अशोक कुमार जी बहुत क्षीण हो चुके हैं। इसी बीच अशोक कुमार जी की ट्रेन ने सीटी बजाई, हम लोगों ने जल्दी से आपस में एक-दूसरे का पता लिया और इस सदिच्छा के साथ टाटा, बॉय-बॉय किया कि जिन्दगी के किसी न किसी मोड़ पर फिर मिलेंगे।

बैंक का इम्तिहान पास करके जल्द ही मैं क्लर्क से ऑफिसर का दर्जा पा गया और तीन साल ग्रामीण क्षेत्र की शाखाओं में भटकने के बाद मैं बरेली शहर की एक शाखा में स्थानान्तरित कर दिया गया। इस ब्रांच में लोन रिकवरी की गम्भीर समस्या थी, मुझे लोन रिकवरी का मास्टर समझा जाता था, अत: उस ब्रांच के लिए मेरा स्थानान्तरण कर दिया गया। मैं वहाँ जाना नहीं चाहता, क्योंकि पहली बात, बरेली मेरे गृह जनपद से बहुत दूर था, दूसरी, जिस कारण मुझे भेजा जा रहा था, इसमें तमाम तरह के कटु अनुभवों से होकर गुजरना पड़ता है। मगर बैंक ने मेरी एक न सुनी और मुझे स्थानान्तरण

लेकर बरेली जाना ही पड़ा। चुनाँचे ज्वाइन करने के बाद पहली बैठक में ही अपने सहकर्मियों के साथ मीटिंग में मैंने 'पुअर रिकवरी' का मुद्दा उठाया और उसके तहत पुराने डिफॉल्टरों की लिस्ट बनवाई जिसमें सबसे ऊपर 'टी. आर. इंटरप्राइजेज़' का नाम था। मैंने कार्यालय कर्मियों को उसके मालिक को बुलवाने के लिए कहा।

एक दिन मैं सुबह सैर करके लौट ही रहा था कि रास्ते में मुझे अशोक कुमार जी मिल गए। वे इतने कृशकाय हो गए थे कि मुझे उन्हें पहचानने में भी दिक्कत हुई, सच तो यह था कि उन्होंने ही मुझे पहचाना। हम लोग काफी देर तक बातें करते रहे, मगर बातों का विषय उनके द्वारा इधर पढ़ी गई पुस्तकें ही रहा। उन्होंने यह भी नहीं पूछा कि मैं बरेली कैसे आया, कहाँ रुका हूँ। कोई कष्ट तो नहीं है, आदि। गोया, इन प्रश्नों से उनका कोई सरोकार नहीं। मुझे लगा वे पुस्तक पढ़ने वाले रोबोट हैं। चलते वक्त मैंने मन ही मन कहा, "बौद्धिकता के सिंहासन से नीचे उतरकर बात न करने की इनकी आदत गई नहीं, यह अभी भी बरकरार है। हर समय बौद्धिकता के सिंहासन पर चढ़े रहते हैं।" मैंने उनसे मकान किराए पर दिलवाने के लिए कहा, उन्होंने हाँ, हाँ तो कर दिया मगर इस पर तवज्जो नहीं दी। मेरे कार्यालय के लोगों ने एक मकान देखकर पसन्द किया। मकान बहुत अच्छा था और मेरे माकूल भी था मगर यह था अशोक कुमार जी के घर के पास। मैं पहले तो हिचकिचाया किन्तु मकान की उपयुक्तता के कारण मैं सहमत हो गया।

जल्द ही अशोक कुमार जी मुझसे मिलने बैंक आ टपके, बड़ी देर तक इधर-उधर की बातें होती रहीं। बातें क्या होती रहीं, यह एक तरह का उनका मोनोलॉग था, मैं सिर्फ हूँ-हाँ ही करता जा रहा था। दरअसल बैंक में मैं इतना व्यस्त रहता हूँ कि अकसर खाना भी भूल जाता हूँ। उनकी बातें मुख्यत: किताबों के बारे में ही थीं। एक घंटे बाद जब वे चले गए तो मेरे एक सहकर्मी ने कहा, "सर, टी. आर. इंटरप्राइजेज़ के मालिक वे ही हैं।" तोताराम। मुझे बड़ा अजीब लगा कि अपनी एक घंटे की मीटिंग में अशोक कुमार जी ने एक बार भी लोन का जिक्र नहीं किया।

टी. आर. इंटरप्राइजेज़ के लोन ने मेरी रातों की नींद हराम कर रखी थी। टी. आर. इंटरप्राइजेज़ सबसे पुरानी डिफ़ॉल्टर फर्म थी और अशोक कुमार जी का लिहाज करके मैं इसके विरुद्ध कोई सख्त कार्यवाही नहीं कर पा रहा

था। दरअसल साल-भर से ज्यादा पुराने डिफ़ॉल्टर ने बैंक के किसी न किसी कर्मचारी को पकड़ रखा था। मैं जब उनके खिलाफ सख्त कार्यवाही की बात करता तो ये कर्मचारी उनके पक्ष में तर्क देते कि 'सबसे पहले तो सबसे पुराने डिफ़ॉल्टर के खिलाफ एक्शन लिया जाना चाहिए।' इसी बीच वसूली की बैठक में मेरे एक जूनियर ऑफिसर ने वसूली का अच्छा रास्ता सुझाया, "हम यदि डिफ़ॉल्टर्स में विलफुल डिफ़ॉल्टर्स को छाँट लें और उनके पीछे पड़ें तो वसूली अच्छी हो सकती है। बैंकिंग में विलफुल डिफॉल्टर उन्हें कहते हैं जो स्वेच्छा से उधार जमा नहीं करते, यानी वे बैंक का कर्ज जमा करने की स्थिति में तो रहते हैं, मगर जानबूझकर जमा नहीं करते, क्योंकि बैंक सख्ती नहीं करता इसलिए वे उस पैसे को कहीं और रोटेट करते रहते हैं।" उस ऑफिसर का तर्क था, "जिसकी लोन वापस करने की हैसियत नहीं है, वह किसी भी हालत में लोन जमा नहीं करेगा। हम ज्यादा से ज्यादा उसे पन्द्रह दिन के लिए जेल भेज देंगे। या उनकी अन्य सम्पत्ति अटैच करेंगे। सम्पत्ति अटैच करना एक दीर्घकालीन रणनीति तो हो सकती है, मगर इसका तुरन्त लाभ नहीं दिखेगा। तत्काल लाभ तो विलफुल डिफ़ॉल्टर्स पर अटैक करने से ही होगा। विलफुल डिफ़ॉल्टर्स पर अटैक करने पर कम श्रम में ज्यादा रिजल्ट आएगा।" जूनियर की इस राय ने मुझे बहुत राहत पहुँचाई क्योंकि अशोक कुमार जी को विलफुल डिफ़ॉल्टर नहीं माना गया।

मैं अच्छी तरह जानता था कि अशोक कुमार जी को जो राहत मिली है वह बस थोड़े दिन के लिए है। मार्च बीतने के बाद नए कैलेंडर इयर में फिर से सबसे पुराने डिफ़ॉल्टर की लिस्ट बनेगी और मुझे अशोक कुमार जी के खिलाफ कार्यवाही करने के लिए मजबूर होना पड़ेगा। मैं यह अच्छी तरह से जानता था कि अशोक कुमार जी की समस्या का हल आसान नहीं है, क्योंकि जब तक अशोक कुमार जी अपनी तथाकथित बौद्धिकता के सिंहासन पर सवार रहेंगे तब तक उनकी समस्या का समाधान सम्भव नहीं था और अशोक कुमार जी अपने सिंहासन से नीचे उतरने वाले नहीं थे। बौद्धिकता बहुत ऊँची चीज है, मगर इसमें एक कमी होती है, यह हममें दम्भ पैदा कर देती है और यह दम्भ हमारी व्यावहारिक समस्याओं में बहुत बड़ी बाधा होता है। इसीलिए मैं चाहता था कि इस ब्रांच से बरेली शहर की ही किसी अन्य ब्रांच में मेरा स्थानान्तरण हो जाए, ताकि मुझे ट्रांसफर की शिफ्टिंग का कष्ट न उठाना पड़े। शहर की तो नहीं, मगर

शहर से लगभग पच्चीस कि.मी. दूर नवाबगंज कस्बे की शाखा में मुझे स्थानान्तरण मिल गया। मैंने खुशी-खुशी, वहाँ ज्वाइन कर लिया। मेरे सहकर्मी और तमाम मेरे जानने वाले इस बात से आश्चर्यचकित थे कि इस तरह का स्थानान्तरण होने पर कोई और होता तो कितना हाय-तोबा मचाता, मगर मैं खुश था।

आखिर वही हुआ जिसकी मुझे आशंका थी। आशंका थी अशोक कुमार जी का मकान जो बैंक में अटैच था उसे बैंक ने बेचने की कोशिश की, मगर बना-बनाया मकान कोई खरीदने को तैयार ही नहीं था, अत: यह तय पाया गया कि मकान को तोड़कर जमीन बेची जाए ताकि बैंक का लोन भुगतान किया जा सके। इसी योजना के तहत मकान तोड़ा जा रहा है। जिस अनुपात में मकान टूट रहा है उसी अनुपात में मैं भी अन्दर ही अन्दर टूट रहा हूँ बस फर्क सिर्फ इतना है कि मेरे टूटने का बाहर कोई हल्ला नहीं है।

मकान के साथ काफी जमीन जुड़ी थी। मकान गिराने के बाद जमीन को दो हिस्सों में बाँट दिया गया। एक हिस्सा बेचकर बैंक ने अपना कर्ज चुकता किया और एक हिस्सा अशोक कुमार जी को वापस कर दिया। अशोक कुमार जी अब यहाँ रहने के लिए उत्सुक नहीं थे, इसीलिए उन्होंने अपनी जमीन भी उसी खरीदार को बेच दी जिसने बैंक के हिस्से की जमीन खरीदी थी। अशोक कुमार जी को काफी पैसा मिल गया। वे मालामाल हो गए थे।

मैं डिनर के बाद लगभग एक कि.मी. टहलता हूँ। मैं टहलने के लिए निकल ही रहा था कि अशोक कुमार जी मुझे दिखाई पड़ गए। वे शायद पड़ोस के परचूनिए का हिसाब करने आए थे। मैंने उन्हें आवाज देकर पास बुलाया, "आइए, एक-एक कप चाय हो जाए।" अशोक कुमार जी आकर ड्राइंगरूम में बैठ गए। मैंने भीतर चाय के लिए कह दिया। हम आपस में बातें करने लगे। अशोक कुमार जी ने मौका देखते ही कहा, "मैंने कल ही बिल ड्यूरेंट की 'स्टोरी ऑफ सिविलाइजेशन' खरीदी है, ग्यारह खंडों में है यह किताब। बहुत दिनों से मेरी ख्वाहिश भी इसे खरीदने की थी, यह पूरी हुई, मुझे बड़ा सन्तोष हुआ।"

"कितने की आई?" मैंने यूँ पूछ लिया।

"ज्यादा नहीं, चौदह हजार की।"

"कुछ और भी किताबें खरीदीं क्या?"

"नहीं, अभी तो नहीं खरीदीं, मगर जल्द ही खरीदूँगा।"

अशोक कुमार जी के इन उत्तरों से न तो मुझे गुस्सा आया न ही खुशी हुई, बस तब से एक अजीब सा ठंडापन उनके प्रति मेरे मन में विकसित हो गया है। अब अशोक कुमार की किसी बात से कोई लगाव नहीं रह गया, हालाँकि मेरा अन्तर्मन मेरी इस तटस्थता से नाखुश है और मेरी इस एहसानफरामोशी से दुखी है।

जाके पाँव न फटै बिवाई

मेरे शोध का विषय है, 'उत्तर-आधुनिक भारतीय गाँव और कृषि।' मेरा शोध न सिर्फ कथ्य में बल्कि अपने फार्मेट में भी एकदम अलग है। इसका फार्मेट एक प्रमेय का है। प्रमेय है 'उदारवादी अर्थव्यवस्था के इस दौर में कृषि एक घाटे का धन्धा है फिर भी यह एक फायदे का धन्धा है।' उसका फार्मेट कुछ यूँ—

1. प्रमेय—खुली अर्थव्यवस्था के इस युग में "कृषि एक घाटे का धन्धा है, फिर भी यह एक फायदे का धन्धा है।"

2. दिया है—(ए) भारतीय किसान कर्ज में पैदा होता है। और कर्ज में ही मर जाता है।"

(बी) राष्ट्रीय प्रतिदर्श सर्वेक्षण संगठन की रिपोर्ट के अनुसार चालीस प्रतिशत किसान खेती से पिंड छुड़ाना चाहते हैं और जो कृषि कार्य में लगे हुए हैं, वे कोई विकल्प न होने के कारण उसमें लगे हैं।

(सी) सी. ए. सी. (कमीशन फॉर एग्रीकल्चरल कमॉडिटीज प्राइज) की रिपोर्ट के अनुसार आन्ध्र, पंजाब और देश के अन्य प्रदेशों में की गई आत्म-हत्याएँ सीधे कृषि से जुड़ी हैं। रिपोर्ट में साफ कहा गया है कि ऐसा नहीं है कि केवल किसी फसल विशेष को पैदा करने वाले किसानों ने यह कदम उठाया है, बल्कि धान, कपास, गन्ना, ज्वार, दालों और तिलहन उगाने वाले किसानों की भी खराब हालत हुई है।

3. सिद्ध करना है—उदारवाद और खुली अर्थव्यवस्था के इस दौर में किसानों की घटती आय और खेती के मुनाफे वाले व्यवसाय की समाप्त होती स्थिति के चलते सामान्य किसान दुष्चक्र में फँस गया है, मगर फिर भी कुछ ऐसे किसान

हैं जिन्हें कृषि में फायदा होता है। दरअसल ये असली किसान नहीं हैं। ये वे लोग हैं जिनके पास विभिन्न स्त्रोतों से काली कमाई आती है और वे अपनी इस काली कमाई को खेती के माध्यम से सफेद करते हैं। ऐसा करने से दो फायदे होते हैं, पहला, कृषि आय में आयकर की छूट, दूसरी बात ऐसे में काला धन पकड़ना खासा मुश्किल है, सच तो यह है कि कृषि एक ऐसी लांड्री है जिसमें काला धन धुल-पुँछकर साफ-सुथरा हो जाता है।

4. उपपत्ति—इसमें मैंने कृषि में लगे अनेक नष्ट होते किसानों का उदाहरण दिया है, मगर ये सभी उदाहरण, अखबारों की रिपोर्ट के आधार पर हैं। इसके दूसरे हिस्से में मैंने ऐसे कई उदाहरण दिए हैं जिनकी खेती भयानक सूखे के बावजूद लहलहा रही है, (सिर्फ कागजों में दिखाई जाती है) मगर ये सभी उदाहरण सच्चे हैं, सिर्फ इसमें नामों का हेरफेर है।

मैंने अपनी बात के समर्थन में काफी आँकड़े इकट्ठा कर लिए थे और उन आँकड़ों द्वारा अपनी मान्यता को सिद्ध करना चाहता था मगर मेरे गाइड मुझसे सहमत नहीं थे। उनका कहना था, "तुम्हारी मान्यताएँ एकांगी और किताबी हैं, इनमें जमीनी यथार्थ का अभाव है, तुम्हें अपनी मान्यताओं की पुष्टि आँकड़ों के साथ ही वास्तविक जीवन से भी करनी चाहिए।"

"तो सर, मुझे क्या करना चाहिए?" मैंने पूछा।

"तुम्हें तुरन्त किसी ग्रामांचल में जाकर ग्रामीण जीवन को करीब से देखना चाहिए और तब अपनी मान्यता बनानी चाहिए। हो सकता है तुम्हें अपनी मान्यताओं में आमूलचूल परिवर्तन करना पड़े, मगर तब जो बात निकलकर आएगी, वह मायने रखेगी!" गाइड महोदय ने कहा।

चुनाँचे मैं अपने शोध को जमीनी यथार्थ प्रदान करने के लिए अपने ननिहाल आया हूँ।

2

मामा का गाँव समृद्ध है। बिजली है, पक्के घर हैं, कई तो दो तल्ला, तीन तल्ला। लोगों के पास मोबाइल हैं, रंगीन टीवी हैं, दो पहिये वाहन तो इफरात में हैं, कुछेक चार पहिया वाहन भी हैं मगर यह सम्पन्नता खेती की नहीं है। इनमें से ज्यादातर लोग आसपास के शहर में सरकारी नौकरी करते हैं। इस समृद्धि से लगे-लगे

एक लम्बी रेखा गरीबी की भी है, टूटे छप्पर वाले मकान हैं, टूटे-फूटे बर्तन हैं, खाली कनस्तर हैं। इसी रेखा के बीच मामा का भी एक टूटा-फूटा मकान है।

मैं जब ननिहाल पहुँचा तब तक पर्याप्त अँधेरा हो चुका था, नानी ढिबरी की रोशनी में कुछ खोज रही थीं।

"नानी पालागी," मैंने कहा और झुककर उनके चरण स्पर्श किए।

"कौन हो भइया," नानी ने मिचमिचाई आँखों से मेरी तरफ देखते हुए पूछा।

"मैं रजत हूँ," मैंने कहा।

"सब ठीक-ठाक तो है? कैसे आए भइया?" नानी ने पूछा।

"अरे नानी, अपने ननिहाल आने के लिए कैसे की जरूरत पड़ेगी क्या?" मैंने ताना मारा।

"तुम ठीक कह रहे हो बेटा मगर अब यहाँ कौन आता है इस जंगल में, अब तुम खुद कितने दिन बाद आए हो?" नानी ने उलाहना दिया।

"हाँ, नानी आप कह तो सही रही हैं, सात साल बाद आ रहा हूँ," मैंने कहा।

"नानी, अँधेरा क्यों है, लाइन तो इधर आ गई है?" मैंने पूछा।

"हाँ, बेटा लाइन तो आ गई है, मगर इसका आना न आना सब बराबर है, केवल खम्भा गाड़ दिया गया समझो। ठीकेदार को खम्भा गाड़ने का पैसा मिल गया, इंजीनियर को उसका कमीशन और सरकार को कहने को हो गया कि गाँव में बत्ती आ गई। दिन-भर में चार घंटे बिजली मिलना कोई मिलना है," खीजकर नानी ने कहा। फिर मेरी तरफ देखते हुए कहा, "चलो जल्दी, हाथ-मुँह धोकर आओ और जल्दी से खाना खा लो, चौका उठने वाला है।" नानी ने अन्दर आवाज लगाई, "रजत आया है, उसका भी खाना लगा दो।"

"नानी, हिटलर मामा कहाँ हैं?" मैंने बैग को फर्श पर रखते हुए पूछा।

"अरे उस बेवड़े की हमसे न पूछो, होगा किसी हौली (शराबखाने) में। जवान बिटिया घर में बैठी है मगर उसे दारू से फुरसत नहीं है।" नानी ने बहुत बुरा-सा मुँह बनाकर कहा।

"मामा बेवड़ा हो गए हैं?" मैंने आश्चर्यपूर्वक नानी से पूछा।

"हाँ," नानी ने जवाब दिया।

"कब से?" मैंने पूछा।

"काफी दिनों से?" नानी ने जवाब दिया।

"मगर पिछली बार जब मैं आया था तब तो नहीं थे," मैंने कहा।

"तब चोरी-चोरी पीते थे, खुलेआम नहीं पीते थे," नानी ने मुँह बिचकाते हुए कहा।

मुझे बड़ा बुरा लगा। जिस आदमी ने जवानी में बीड़ी-सिगरेट को हाथ न लगाया हो, वह मध्यवय में पहुँचकर बेवड़ा हो जाए, यह दुख की नहीं, बल्कि चिन्ता की बात है।

नानी बहुत ही जर्जर हो गई थीं, नानी साठ के लपेटे में हैं मगर देखने में अस्सी साल की लगती हैं, कमर धनुष की तरह झुक गई है, चेहरे पर झुर्रियाँ हैं, खाल ढीली पड़ गई है। पिछली बार जब आया था तो नानी इतनी जर्जर नहीं हुई थीं। सात साल में बीस साल का बुढ़ापा आ गया था नानी के शरीर में।

मैं आँगन में आ गया, मामी चौके में लगी थीं, मैंने उनसे भी पालागी की।

"खूब खुश रहो बेटा, तुम आए तो अच्छा लगा, मनसाइन हो जाएगा," मामी ने कहा।

"हिटलर मामा कहाँ हैं?" मैंने पूछा।

"गहली गाँव के पास किसी ने नहर काट दी है जिस कारण हमारे खेतों में पानी नहीं आ रहा है, वहीं गए हैं," मामी ने बताया।

"किसी ने नहर काट दी?" मैंने आश्चर्य से पूछा।

"हाँ," मामी ने बड़ी सहजता से कहा।

"मगर नहर काटना तो जुर्म है?" मैंने कहा।

"कौन डरता है यहाँ जुर्म करने से? इससे बड़े-बड़े जुर्म हो रहे हैं, शासन-प्रशासन का इकबाल अब कहाँ रह गया है?" मागी ने दुखी मन से कहा।

"मगर नहर काटते क्यों हैं?" मैंने पूछा।

"गहली गाँव के पास नहर बुरी तरह क्षतिग्रस्त है, उसमें सिल्ट भी काफी है, गहली गाँव के पास नहर के ऊपर से पानी खेतों में भरने लगता है। अपनी फसल को बचाने के लिए किसानों द्वारा नहर को वहीं काटकर सारा पानी नदी में बहा दिया जाता है, जिससे हमारे खेतों तक पानी नहीं पहुँच पाता है और हमारी फसल सूखी रह जाती है, इसीलिए तुम्हारे मामा वहाँ देखने गए हैं," मामी ने बताया। फिर कहा, "अरे छोड़ो भइया, आते ही मैं क्या पवाड़ा लेकर बैठ गई, ये सब तो यहाँ का रोज का किस्सा है, तुम क्यों परेशान हो। जल्दी से हाथ-मुँह धोकर आओ और खाना खाकर सो जाओ, बहुत देर हो रही है।"

मुझे अपने शोध ग्रन्थ में संशोधन करना चाहिए, "अतिवृष्टि, अनावृष्टि, बाढ़, भूकम्प, कीड़े-मकोड़े, टिड्डी दल, चूहे, बिजाड़ (जंगली सूअर), नील-गाय आदि ही किसान के दुश्मन नहीं हैं बल्कि एक किसान दूसरे किसान का भी दुश्मन है," मैं बुदबुदाया।

"बुद्धन (मामा का लड़का) कहाँ है?" मैंने पूछा।

"लखनऊ से आगे बरेली में जवानों की भर्ती हो रही है, वहीं गया है। बाबूजी की इच्छा थी न कि उनके घर से एक आदमी किसान बने और एक आदमी जवान। किसान तुम्हारे मामा ने बनकर देख लिया, अब बेटवा जवान बनकर देख ले," मामी ने व्यंग्यात्मक लहजे में कहा।

"और मुन्नी कहाँ है?" मैंने पूछा।

"अन्दर कोठरी में होगी," मामी ने बताया।

मैं हाथ-मुँह धोकर बाथरूम (बाथरूम क्या था, एक छोटा-सा कमरा औरतों के स्नानादि के लिए था) से बाहर आँगन में आया तो देखा, मामी अपने आँचल की ओट में एक कटोरे में बाहर से कुछ छिपा के ला रही हैं। मैं समझ गया माजरा क्या है? भानजा आया है न—मान है, सूखी रोटी-दाल कैसे खा सकता है। मगर घर में घी तो अंजन लगाने भर को भी नहीं है तो आस-पड़ोस से माँगने के अलावा चारा क्या है?

"क्या इतनी खराब स्थिति हो गई है ननिहाल की? ऐसा भी समय था जब ननिहाल में घी-दूध इफरात में रहता था और बिना घी के कौर नहीं तोड़ा जाता था," मैं बुदबुदाया।

मामी खाना परोसने लगीं तो मैंने कहा, "मामी, आप क्यों परेशान हो रही हैं। मुन्नी को बुलाइए, वो परोस देगी।"

"बेटा, उसकी तबीयत ठीक नहीं है," मामी ने कहा।

"क्या तबीयत खराब है?" मैंने बहुत सहजता से पूछा।

"कुछ नहीं, बस यूँ ही।" मामी ने धीमे-से मगर असहज भाव से कहा।

मामी के 'कुछ नहीं यूँ ही' से मैं समझ गया कि मुन्नी को क्या बीमारी है। मैं अन्दर ही अन्दर झेंप गया, मुझे अपने पर गुस्सा भी आया कि मेरी प्रत्युत्पन्नमति इतनी कमजोर क्यों है कि मैं सामान्य-सी भी बात नहीं समझ पाता। मुन्नी का मेरे सामने न आने का एक दूसरा कारण भी हो सकता है। और मुझे वही ज्यादा लाजिमी लगता है। जिस प्रकार गैरतदार बेरोजगार नवयुवक अपने नाते-रिश्तेदारों

का सामना नहीं करते उसी प्रकार लड़की की शादी में जब विलम्ब हो जाता है तो वह भी अपने नाते-रिश्तेदारों का सामना नहीं करती।

मैं खाना खाकर ऊपर सोने जा रहा था कि बाहर से चिल्लाने की आवाज आई, "दही जार, बहिन..., मादर..." मामा एक साँस में ऐसे गाली बक रहे थे, गोया गालियों का कुल्ला कर रहे हों।

"क्या हुआ मामा, क्या हुआ," कहता हुआ मैं बाहर की ओर लपका ही था कि मामी ने रोकते हुए कहा, "अभी सामने मत जाओ, ये घोड़े पर सवार हैं, होश में नहीं हैं, अटाये, सटाये बोल देंगे, फिर बाद में पछताएँगे, बताओ मान को ऐसा कह दिया।"

मैं वहीं रुक गया। मामा के हाथ-पैर में जगह-जगह खरोंचें थीं, साथ आए लोगों ने बताया कि "नहर काटने वालों से मामा की मारपीट हो गई थी, पहले गुत्थमगुत्था हुई फिर दूसरी तरफ से लाठी निकल आई थी। गनीमत है उसी समय पुलिस आ गई थी और दोनों को थाने ले गई, थोड़ी देर थाने में बैठाकर फिर छोड़ दिया," साथ में आए दूसरे व्यक्ति ने बताया।

मामा को देखकर मुझे एकबारगी धक्का लगा। मामा की थुलथुल काया एकदम हरहर (दुबली) हो गई थी। 'जीर्ण बाहु है शीर्ण शरीर'—काला अर्धनग्न लम्बे कद का शरीर। मगर किसी समय क्या पर्सनैलिटी थी मामा की? लम्बा गठीला शरीर, आजानुबाहु, गेहुँआ रंग, चलते थे तो लहर-लहर हवा चलती थी। मामा देखने में ठेठ देहाती लगते थे। चौड़ा सीना, लम्बा कद, थोड़ा-सा लम्बोतरा चेहरा, हाथ के पंजे मजबूत, अँगुली के पास तली में गाँठें पड़ी हुईं जिससे गदेली उभरी-उभरी रहती थी। चेहरे में खास तरह की सख्ती, व्यक्तित्व में भी उसी प्रकार की सख्ती। लोग उन्हें लोहा कहते, लगभग उसी भाव में—"जब भी मैंने उनको देखा, लोहा देखा, लोहे का-सा गलता देखा, लोहे का-सा ढलता देखा। जब भी मैंने उनको देखा, लोहा देखा।"

मगर जर्जर और झुर्री-भरे चेहरे पर हिटलरी मूँछें अभी भी बरकरार थीं। हम सभी मामा को हिटलर कहते। मामा समझते थे हम उनके कद और मूँछों के कारण ऐसा कहते हैं, मगर हम ऐसा उन्हें उनके तानाशाही मिजाज के कारण कहते थे। उनके सरल और सहज व्यक्तित्व पर उनका तानाशाह मिजाज भारी पड़ता। "हम बरबाद हो जाएँगे और सारे परिवार को भी बरबाद कर देंगे, मगर अपनी सोच और आदत को नहीं बदलेंगे"—आखिर यह जिद भी तो एक तरह की तानाशाही ही है।

खाना खाकर मामा निखरहरी खटिया पर उतान पड़ गए और थोड़ी देर में ही उनके खर्राटे बजने लगे। मैं भी ऊपर छत पर जाकर सो गया। मुझे नींद नहीं आ रही थी। रात अँधेरी थी, छिटके हुए तारे थे। रात का रोमांच अपने चरम पर था। रात मुझे हमेशा से बहुत रोमांचित करती रही है। चाँद, तारे, वितान की तरह फैला अनंत आकाश। आकाश में सप्तर्षि मंडल और ध्रुवतारे को खोजना हम सभी भाइयों का खास शगल हुआ करता था। मैं आज भी सप्तर्षि मंडल और ध्रुवतारा को खोजकर अपने मन को बहलाना चाह रहा था, मगर मन एक ऐसा है जिसे रस्सी से बाँधा नहीं जा सकता। मेरा मन बार-बार ननिहाल के अतीत की तरफ मुड़ जाता था। मैं बड़ी रात तक नाना, मामा और मामी के बारे में सोचता रहा।

3

नाना की याद बहुत धुँधली-सी है। छोटा कद, गठीला शरीर, धोती-कुर्ता पहनकर बहुत कुछ अपने आदर्श नेता लाल बहादुर शास्त्री की तरह लगते थे नाना। तब मैं पाँच साल का था। नाना एक गमछे में दही बाँधकर लाए थे। माँ ने दही को पानी में घोलकर पतला किया और सबको बाँटा था। क्या स्वाद था, दही का। नाना चार-छह महीने में एक बार आते और दही जरूर लाते। नाना आते और दही देकर चले जाते, हमारे यहाँ वे पानी भी न पीते, कहते, "बिटिया के घर पानी पीकर नरक जाना है क्या?"

वे हमारे ननिहाल के बेहद हसीन दिन थे। खूब खटकर मेहनत करना और अच्छा भोजन करना हमारे ननिहाल का आदर्श वाक्य था। "नाना को कृषि का नैसर्गिक ज्ञान था, तथा अपनी मिट्टी के जर्रे-जर्रे से बहुत प्यार था। वे मिट्टी को हाथ से छूकर ही बता सकते थे कि इस मिट्टी में कौन सी फसल अच्छी पैदा होगी। दूरदराज के लोग उनसे राय लेने आते थे। लोग उनको मिट्टी का कीड़ा कहा करते थे। उन्हें फसल चक्र, मौसम और हवाओं का बहुत अनुभव था, वे हवा के रुख और गति से ही बता देते थे कि बरसात कैसी होगी। पिताजी नाना के कृषि-ज्ञान और अनुभव के किस्से अकसर सुनाया करते थे।

एक बार पिताजी जुलाई के आखिरी दिनों में अपनी ससुराल गए हुए थे। आषाढ़ पूरा बीत चुका था, मगर वर्षा का दूर-दूर तक कोई पता न था। सभी वर्षा की आस लगाये थे, कोई कयास लगाता कि आज शाम तक पानी बरसेगा

तो कोई कहता कि सुबह तक पानी अवश्य बरस जाएगा। मगर नाना ने कहा, "इस वर्ष शर्तिया सूखा पड़ेगा।"

"कैसे?" किसी ने पूछा।

"देख नहीं रहे हो मौसम में शीतलता है, दिन-भर बदली छायी रहती है और रात में आकाश एकदम साफ रहता है और फिर घाघ की कहावत कह दी, "दिन में बद्‌दर रात निबद्‌दर चले पुरवाई झब्बर झब्बर, घाघ कहे कुछ होनी होई, कुआँ खोदि के धोबी धोई" और सही में उस साल भीषण सूखा पड़ा।

नाना बड़ी सलीस हिन्दी बोलते थे, मसलन कठिन समस्या को गुरु-गम्भीर समस्या कहते, साँझ होने लगती तो वे कहते, "भगवान भुवन भास्कर अस्ताचलगामी हो रहे हैं।" जब मामा खेत में काम करने से कसमसाते तो वे कहते, "तुम कर्तव्यच्युत हो गए हो।" एक दिन उन्होंने अपनी शुद्ध हिन्दी में मेरे पिताजी से कहा, हमारे लिए "कृषि कर्म उदरपूर्ति या आय का साधन मात्र नहीं है, यह तो हमारे लिए क्रीड़ा की वस्तु है। यह हमारे लिए एक जीवन-पद्धति है, जो कम खाओ और गम खाओ, मगर सुच्चा खाओ की नीति में विश्वास करती है।" नाना खेती की राई-रत्ती खबर लेते और उनके रहते मामा को किसी भी प्रकार की चिन्ता नहीं रहती। पूर्ण निश्चिन्त गाँव-भर में डोलते रहते। मगर नाना की अकाल मृत्यु हो गई।

नाना की अकाल मृत्यु ने मामा को तोड़ दिया।

उस समय देश गम्भीर खाद्यान्न संकट से गुजर रहा था। गेहूँ से लदे जहाज प्रतिदिन अमेरिका से भारत आ रहे थे। उस समय सारा देश पी.एल. 480 गेहूँ खाने के लिए अभिशप्त था, जो लाल रंग का होता था और अमेरिका में सुअरों के खाने के लिए पैदा किया जाता था। ज्यादा पैदावार हो जाने के कारण इसे अमेरिका तृतीय विश्व के देशों में भेजता था।

देश में खाद्यान्न संकट इतना विकट था कि देश के प्रधानमंत्री श्री लाल बहादुर शास्त्री को देश की जनता से अपील करनी पड़ी कि वे सप्ताह में कम से कम एक समय उपवास रखें या खाद्यान्न का प्रयोग न करें और स्वयं प्रधानमंत्री सोमवार के दिन व्रत रखते थे। नाना लाल बहादुर शास्त्री के विचारों और व्यक्तित्व से बहुत प्रभावित थे। वे कहा करते थे, "देश को एक किसान प्रधानमंत्री मिला है—व्यक्तित्व और विचार दोनों से।" प्रधानमंत्री की अपील पर नाना के घर में

भी सोमवार की शाम व्रत रखा जाता। मगर नाना दिन-भर निराहार रहा करते थे। मामा अकसर कहा करते हैं कि "देश को दो ही देशी प्रधानमंत्री मिले हैं एक लाल बहादुर शास्त्री और दूसरे चरण सिंह। बाकी सभी प्रधानमंत्री विदेशी हैं।"

4

खैर। इंटर कॉलेज बस्ती का वार्षिकोत्सव। हॉल खचाखच-भरा, सभी विद्यार्थी वार्षिकोत्सव में उपस्थित हैं। हाल के बाहर एक कोने में कुछ लड़के अपने भविष्य की योजना बना रहे हैं—

"मैं तो यहाँ से सीधे निकलकर इलाहाबाद विश्वविद्यालय जाऊँगा और वहाँ राजनीतिशास्त्र, दर्शनशास्त्र और अंग्रेजी से बी.ए. करूँगा, वहीं कम्पटीशन की तैयारी करूँगा और कलेक्टर बनूँगा। कलेक्टर नहीं तो डिप्टी कलेक्टर तो जरूर बन जाऊँगा," वीरेन्द्र कुमार मिश्र ने कहा।

"मैं भी इलाहाबाद विश्वविद्यालय जाऊँगा पर मैं बी.ए. नहीं बी.एस-सी. करूँगा, ताकि आई.ए.एस. के साथ ही आई.एफ.एस. के इम्तिहान में भी बैठ सकूँ। आई.ए.एस. में नहीं तो आई.एफ.एस. में तो जरूर ही सेलेक्शन हो जाएगा। है तो यह भी ऑल इंडिया सर्विस ही। वन विभाग में पैसा, आराम और ऐश तीनों हैं," अमित अग्रवाल ने कहा।

"मैं तो यहाँ से किसी इंजीनियरिंग कॉलेज में एडमिशन लूँगा और इंजीनियर बनूँगा और खूब पैसा कमाऊँगा," दिनकर वाजपेयी ने कहा।

"मैं तो डॉक्टर बनूँगा," नलिन कान्त त्रिपाठी ने कहा।

"तुम क्या करोगे?" किसी ने लालमुनि प्रसाद से पूछा।

"मैं तो पन्तनगर विश्वविद्यालय में एडमिशन लूँगा और कृषि वैज्ञानिक बनूँगा," लालमुनि प्रसाद ने कहा।

सभी लड़के लालमुनि प्रसाद की तरफ आश्चर्य से देखने लगे। पढ़ने-लिखने में लद्धड़ कोई लड़का यह बात कहे तो समझ में आती है मगर जो पढ़ने में अव्वल हो और जिसकी बुद्धि का लोहा विद्यालय के अध्यापक भी मानते हों, वह ऐसी बात कहे तो समझ में नहीं आती है। आश्चर्य से लोगों का उसकी तरफ देखना लाजिमी था।

"यह भी कोई कैरियर है?" दिनकर वाजपेयी ने कहा।

"इस समय देश में भुखमरी की स्थिति है, देश जबरदस्त खाद्यान्न संकट से गुजर रहा है, इस समय देश को डॉक्टर, इंजीनियर से ज्यादा जरूरत कृषि वैज्ञानिक की है, इसलिए मैं कृषि वैज्ञानिक बनूँगा," लालमुनि प्रसाद ने कहा।

ये लालमुनि प्रसाद ही मेरे मामा हैं।

कॉलेज से प्रवेश पत्र लेकर लालमुनि प्रसाद अपने कमरे में प्रवेश भी न कर पाए थे कि उनको सूचना मिली कि गाँव में उनके पिता की हालत गम्भीर है और उन्हें तुरन्त गाँव पहुँचना चाहिए। सूचना देने वाले के चेहरे पर जिस तरह हवाइयाँ उड़ रही थीं उससे लालमुनि समझ गए कि कहानी कुछ और है और हालत गम्भीर है, यह तो सिर्फ कहने का तरीका है। गाँव पहुँचने पर उनकी आशंका सही निकली। वे जब अपने घर में घुस रहे थे तो बाबू (लालमुनि के पिता) के मुँह में गंगाजल डाला जा रहा था और उन्हें देखते ही उनके प्राण निकल गए। लोगों ने कहा, "लड़के को देखने के लिए प्राण अटके हुए थे।"

क्रिया-कर्म आदि से निवृत्त होने के बाद जब सभी नात-पात एकत्रित हुए तो सभी की राय बनी कि, श्री लालमुनि प्रसाद को अब शहर पढ़ने के लिए नहीं जाना चाहिए क्योंकि पढ़ाई जैसी गैर-जरूरी चीज के लिए खेती जैसी जरूरी चीज को नहीं छोड़ा जा सकता। वैसे भी इस साल की परीक्षा छूट ही गई है। चुनाँचे यह तय हुआ कि वे आगे की पढ़ाई गाँव में रहकर प्राइवेट करेंगे और खेती-बारी भी देखेंगे। इस प्रकार नियति ने लालमुनि प्रसाद को एक कृषि वैज्ञानिक की जगह एक खेतिहर बना दिया।

5

जल्दी ही समय बदला। आदमी के श्रम ने, धरती के जर्रे ने और सही सरकारी नीति ने मिलकर काम करना शुरू किया जिसके फलस्वरूप धरती सोना उगलने लगी और देश भुखमरी के अभिशाप से उबरने लगा। यह हरित क्रान्ति का दौर था। शास्त्री जी का निधन हो चुका था मगर 'जय जवान और जय किसान' का नारा अभी भी देश की जनता को आकर्षित करता था। किसानी को एक सम्मानजनक व्यवसाय माना जाता था, क्योंकि यही वर्ग था, जो देश को भुखमरी से बचा सकता था। "उत्तम खेती, मध्यम बान, निषिध चाकरी, भीख निदान" का नारा तेजी में था। सरकार भी खेती के महत्त्व को समझने

लगी थी। सरकार ने बैंकों को ट्रैक्टर, पम्पिंग सेट, उन्नत औजार, उन्नत बीज, खाद और कीटनाशक जैसी लागत सामग्रियों के लिए लोन देने के आदेश पारित किए, जिससे किसानों को बड़ी आसानी से लोन मिलने लगा और इस लोन से उनकी खेती लहलहाने लगी।

मामा का जीवन ठीक-ठाक चल रहा था, कृषि में बरक्कत थी और आवश्यकता कम थी। मामा का जीवन सीधा-सादा और खुशहाल था और एक सरपट घोड़े की तरह तेजी से भाग रहा था। "दूध पियो, कसरत करो और जपो हरिनाम, सदाचार पालन करो पूर्ण हुए सब काम।" यह उनके जीवन का मूलमंत्र था। मामा को प्रायः यह बात खटकती थी कि कभी-कभार सदाचार पालन में विचलन हो जाता है। दूध, दही की कमी नहीं थी, क्योंकि देश में हरित क्रान्ति के साथ श्वेत क्रान्ति भी शुरू हो गई थी। मामा के जीवन में ज्यादा उतार-चढ़ाव नहीं था, एकरेखीय गति से जीवन चला जा रहा था। छोटी-छोटी समस्याओं को छोड़ दिया जाए तो कभी भी इतनी समस्या नहीं आई कि जिन्दगी गारत लगने लगे।

6

मामी ब्याह कर आई थीं तो रूप-यौवन से सम्पन्न थीं। मुँह-दिखाई की रस्म में किसी ने कहा, "लड़की तो भक्क अंडे की तरह सफेद है," तो किसी दूसरे ने कहा, "गरी का गोला है," तो तीसरी ने कहा, "लालमुनि बहू लाया है कि लालटेन, अँधेरे में उजाला कर दे।" नानी से बड़ी मौसी (नानी की बड़ी बहिन) ने कहा, "सरस्वतिया बहू नहीं सरग की परी लाई है।"

"सब रामजी की किरपा है, बस बहू गुणन की भी वैसी हो तो जानो मैंने गंगा नहा लिया," नानी ने कहा।

मुँह-दिखाई में नानी ने अपना वह लखटकिया हार उतारकर मामी को पहना दिया था जो उनकी सास ने मुँह-दिखाई के समय उन्हें पहनाया था। साथ ही चाबी का गुच्छा पकड़ाते हुए कहा था, "लो, अब घर की मालकिन तुम हो।"

मामी ने नानी के बहुत आग्रह करने पर भी चाबी नहीं ली और कहा, "माई, आपके रहते मैं कैसे मालकिन हो सकती हूँ। यह शोभा नहीं देता," मामी के इस व्यवहार से नानी मन ही मन बहुत खुश हुईं, मगर ऊपर से इसे व्यक्त नहीं किया।

मामी बहुत अच्छा गाती थीं। शादी-ब्याह, भजन-कीर्तन या अन्य काज में जब वह गातीं तो समाँ बँध जाता। मुँह-दिखाई के समय उन्होंने गाया—

गँजवा न पियो सइयाँ गरमी करत है, भँगिया से जियरा जुड़ाई रे,
जितने में सइयाँ तुम गँजवा पिवत हौ, उतने में चाभौ पान रे।
खैरा, सुपाड़ी, गुजराती, इलायची से जिया पे भयो अरधान रे।
तलवा में चमके जल की मछलियाँ, रणवाँ में चमके तलवार रे।
तम्बू तले चमके पिया जी की पगड़िया, सेजिया पे बिंदिया हमार रे।
बाओ बहे पुरवइया मोरी सजनी, धधके अँगीठिया में अंगार रे।
चिलम भरत मोरी जल गई चुटकियाँ, पिया निर्मोहिया के राज मा।

मामी गृहकार्य में बहुत दक्ष थीं। उनका हाथ बहुत तेज चलता, नानी कहतीं, "रामजी की किरपा से मुझे बहू बहुत छनकीली मिली है।" मामी खाना इतना अच्छा बनाती थीं कि लोग अँगुली चाटते रहते। उन दिनों ननिहाल में गइया-गोरू भी थे—उनका काम भी मामी ही देखती थीं। दरअसल नाना ने जब पहली बार मामी को उनके मायके में देखा तो वे गाय दुह रही थीं और तभी से नाना को वे भा गई थीं। शादी के बाद नाना ने मामी को सबसे पहले यही आदेश दिया था, कि बहू कुछ करो न करो, मगर हमारे गइया-गोरू को सानी-पानी जरूर देना। बस तब से मामी बड़ी तल्लीनता से यह कार्य करती आ रही हैं। सुबह उठते ही जानवरों को दाना-पानी देतीं, फिर नहा-धोकर खाना बनातीं, सबको खिलातीं फिर खुद खाकर थोड़ी देर आराम करतीं और फिर शाम से वही चरखा शुरू हो जाता। रात में सोने के पहले मामी प्रार्थना करतीं, "रामजी जैसे आज का दिन बीता, वैसे कल भी बीते।"

हमारी ननिहाल पिछड़ी जाति की थी इसलिए औरतों के खेत में काम करने में रोक नहीं थी, और खेत में जब काम बढ़ जाता तो मामी भी मामा का हाथ बँटातीं। जब कोल्हू चलता तो खेतों में काम बढ़ जाता। तब वे परिवार के साथ खेतों में काम करतीं। मामी जब खेतों में काम कर रही होतीं तो नाना वहाँ से हट जाते थे और सिर्फ मामा ही वहाँ रहते। कोल्हू पर गुड़ बनाने का काम सर्दियों से प्रारम्भ होकर होली के बाद तक चलता रहता। जाड़ों की लम्बी रात, शरीर में तीर की भाँति चुभने वाली बर्फीली हवा, कोल्हू में ठंडा गन्ना लगाना तथा घंटों बैलों के पीछे घूमना बहुत कष्टप्रद अनुभव होता। इस कष्ट के परिहार के

लिए मामी मामा के बहुत आग्रह और मान-मनौअल करने के बाद गातीं, तब उनकी सुरीली और तीर की तरह पैनी आवाज रात्रि की निस्तब्धता को चीरते हुए वातावरण में फैल जाती। कोल्हू में पिसते गन्ने की चरड़-मरड़, बैलों के गले में बँधी घंटियों की टुन-टुन, नीचे मिट्टी के पात्र में गिरती रसधार का मधुर स्वर और उसके साथ ही कड़ाह में उबलते रस की खदड़-बदड़ के बीच वे मधुर तान लेतीं तो पूरा समाँ बन जाता था। मामी गातीं, "कोठे ऊपर मैं खड़ी, तलै खड़ा मेरा जेठ। ढाई पाट का ओढ़ना, मुँह ढकूँ अक पेट। रै मेरे बावली मल्होर।" और "छः छल्ला, छह आरसी, छल्लन भरी परात। हमसी गोरी छोड़कर कहाँ गँवाई रात। रै मेरे बावली मल्होर।"

धीरे-धीरे मामी पर दुख की छाया पड़ने लगी, मामी उदास और क्लान्त रहने लगीं, उनके चेहरे की रंगत फीकी पड़ने लगी। उनके स्वभाव में चिड़चिड़ापन आ गया। अकसर वे नानी पर अपनी खीज उतारतीं, उनसे मुँहजोरी करतीं, उनकी बात को काटतीं, मगर उनका यह व्यवहार बेमतलब नहीं रहता। नानी उन्हें 'ए बाड़िन' कहकर पुकारतीं, मामी बेकाबू हो जातीं और अनाप-शनाप व्यवहार करने लगतीं और नानी को कोसतीं, "भगवान भी इस बुढ़िया को नहीं पूछ रहे हैं, काला कब्बा खाकर आई है।" बाद में मामी अपने इस व्यवहार के लिए बहुत पश्चात्ताप करतीं। सबसे ज्यादा दुख उन्हें तब होता जब मामा उन्हें बताते कि गाँव के हमउम्र लोग मामा का अकसर मजाक उड़ाते हुए कहते हैं कि "अगर लालमुनिया तेरा माँझा ढीला है तो हम किसलिए हैं, हमारी मदद ले ले। आखिर तो आदमी ही आदमी के काम आता है।" मामा जब यह सुनते तो तमतमा जाते और अकसर उनका गुस्सा मामी पर उतरता। व्रत-उपवास, पीर-मजार, ओझा-गुनिया, नीम-हकीम, झाड़-फूँक, मामी सन्तानोपत्ति के लिए तमाम जतन कर चुकी थीं मगर सब बेकार। "भगवान के दरबार में देर है अन्धेर नहीं," हर बार मामी यही कहकर मन को सन्तोष देतीं।

मामी के मामले में 'देर है, अन्धेर नहीं' वाली बात सच साबित हुई। हुआ यह कि मामा को किसी ने बताया कि शहर में एक ऐसा डॉक्टर आया है जिसकी दवा खाने से बाँझपन दूर हो जाता है, मगर दवा दोनों को खानी पड़ती है। मामा ने शहर से दवा लाकर खुद खाई और मामी को खिलाई। दवा ने असर किया।

मामी के पहली लड़की हुई। नानी खुश नहीं थीं, मगर नाना ने कहा, "चलो लक्ष्मी आई है, अपने पीछे गणेश को भी लाएगी।" मामी की दूसरी सन्तान भी लड़की ही हुई, नानी बहुत उदास थीं, मगर नाना ने कहा, "कोई बात नहीं, रिद्धि अपने साथ सिद्धि भी ले आई है।" रामजी की किरपा से मामी के तीसरी सन्तान लड़का हुआ। नानी बहुत खुश, मारे खुशी के इधर-उधर डोलै, सबको घूम-घूमकर बताया। लड़का पैदा होने पर सोहर गाया गया था—"दशरथ अँगने जिम्मिरिया, त लहर-लहर करै। बहिनी महर-महर आवै बास, कौशिल्या के जन्मै रे राम" (दशरथ के अँगने में जमीरी लगी है जिसकी खुशबू फैल रही है, बड़ी बात यह है कि राम ने जन्म लिया है)।

बड़ी धूम मची थी नाना के दरवाजे पर। खुशी के मारे नाना का पैर जमीन पर नहीं पड़ रहा था, बड़ी मस्ती छायी थी। बहुत नेग बाँटे थे नाना ने, आखिर उनके दरवाजे राम पैदा हुए थे।

धीरे-धीरे मामा को लगने लगा कि अब खेती में समाई नहीं हो पा रही है और वे जितना अनाज पैदा करते हैं, उतने में उनकी गृहस्थी की गाड़ी नहीं खिंच पा रही है। लागत, खाद, कीटनाशक, बीज, सिंचाई और परिवहन आदि का खर्च बढ़ गया है, जबकि उत्पादकता घटती जा रही है। फर्टिलाइजर के अत्यधिक प्रयोग के कारण मिट्टी 'खाद-खोर' (रासायनिक खाद) हो गई है। जिस प्रकार शराबखोर को शराब की लत लग जाती है उसी प्रकार मिट्टी को भी खाद की लत लग गई है। खाद के बिना कुछ पैदा ही नहीं हो पाता और खाद का दाम दिन-पर-दिन बढ़ता जा रहा है। तब मामा ने 'दोऊ हाथ उलीचिये यही सज्जन का काम' वाली नीति छोड़कर सिर्फ अपने परिवार तक अपने को महदूद रखा। हम लोगों का ननिहाल आना-जाना भी कम हो गया क्योंकि हमें ननिहाल से बुलावा नहीं आता, मामा बहुत दिलेर थे मगर हम उनकी मजबूरी समझते थे। उनके और मामी के प्रयास से खींचतान कर गृहस्थी की गाड़ी खिंच रही थी और किसी से कर्ज लेने की नौबत नहीं पड़ी।

मगर जल्द ही कृषि के लिए मुश्किल वक्त आ गया और खेती से फायदा कौन कहे, लागत निकालना मुश्किल होने लगा। तमाम किसानों के पास अलग से कोई आय का साधन न होने के कारण कृषि छोड़कर शहर में मजदूरी के लिए भागने के अतिरिक्त कोई विकल्प ही नहीं बचा। गाँव खाली होने लगे।

जिन्हें विकल्प मिला वे शहर की ओर पलायन कर गए, जिनके पास विकल्प नहीं था, वे अपने परिवार गाँव में रखते हैं और खुद शहर में रहकर मजदूरी करते हैं या रोज गाँव से शहर अप-डाउन करते हैं। गाँव में सिर्फ बच्चे और बूढ़े और स्त्रियाँ ही दिखाई पड़ते हैं, नौजवान जो हैं वे ठेलुआ हैं। तमाम किसान जो कृषि कर्म में लगे भी हैं तो इसलिए कि भारत में कृषि मात्र एक व्यवसाय नहीं है, यह एक जीवन पद्धति है, यह उनकी पहचान है। खेती छोड़ दें तो उनके सामने पहचान का संकट पैदा हो जाएगा, अभी कम से कम किसान तो कहला रहे हैं। जमीन बेचकर जो शहर को जा रहे हैं, वे अकिंचन होते जा रहे हैं, उनकी पहचान खत्म होती जा रही है। और मामा भी इसीलिए कृषि के साथ जुड़े हैं, घाटे की भरपाई वे अपने श्रम से करते हैं और जो उससे भी काम नहीं चलता तो वे अपनी थोड़ी-सी जमीन बेच देते हैं।

7

अलस्सुबह ही बर्तन की खटर-पटर से मेरी नींद खुल गई। मामा धौरा को सानी-पानी दे रहे थे। सानी लगाने के बाद वे दिशा-फरागत के लिए चले गए। लौटकर आए, हाथ-मुँह धोकर कुछ चबैना करके खेत पर जाने लगे तो मैंने पूछा—"एक बैल से कैसे खेत जोतेंगे?"

"दूसरा लल्लन से उधार ले लेंगे। हम दोनों के पास एक-एक बैल है, आपस में बाँटकर काम चला लेते हैं," मामा ने कहा।

"मामा, आप भी एकदम से नुमाइशी हो।"

"क्यों?" मामा ने पूछा।

"दुनिया चाँद पर जा रही है और आप हैं कि अभी भी हल-बैल से ही खेती कर रहे हैं," मैंने अपने खास अन्दाज में आँख मटकाते हुए कहा।

"क्या करें, ट्रैक्टर था तो बैंक वाले खींच ले गए," मामा ने कहा।

"तो किराये पर ट्रैक्टर ले लेते," मैंने कहा।

"तो इनका क्या करें," मामा ने धौरा की तरफ इशारा करते हुए कहा, "क्या खड़े-खड़े खिलाएँ?"

"इसे बेच दीजिए, बूढ़ा हो गया है, वैसे भी ज्यादातर तो खड़ा ही रहता है," मैंने कहा।

"बेच दीजिए, बूढ़ा हो गया है, बूढ़ी तो तुम्हारी नानी भी हो गई है, तुम्हारी मामी भी बूढ़ी हो रही है, तो क्या उन्हें भी बेच दें? बड़े आए हैं, बतियाने वाले, पाँच हाथ की जबान चलाने में क्या जाता है? कह दिया बेच दीजिए जैसे हमें पता नहीं है कि बिकने के बाद इसका क्या होगा," मामा भुनभुनाते हुए खेत की तरफ चले गए।

मामा जब गुस्से में होते हैं तो ऐसा ही करते हैं। खेत में अकेले भुनभुनाकर अपना गुस्सा शान्त कर लेते हैं। झगड़ा बरकाने का मामा का यह तरीका मुझे बहुत अच्छा लगा।

"इसकी बात का बुरा न मानना, इन्होंने गुस्से में तुम्हें कह दिया मगर इनके दिल में कुछ नहीं रहता, इन्हें जल्दी गुस्सा भी नहीं आता, तुमने धौरा को कह दिया, इसलिए गुस्सा आ गया," नानी ने मुझे पुचकारते हुए कहा।

मुझे अफसोस हुआ, मैंने नाहक ही मामा का मूड ऑफ कर दिया।

मैंने पूरा किस्सा मामी को बताया। मामी ने कहा, "दुनिया को कुछ कह लो, मगर उनके धौरा को कुछ न कहो। वह उनका बहुत पियारा है। कहते हैं यह हमारा सखा है, पक्का साथी है।"

"ऐसा है?" मैंने आश्चर्य से पूछा।

"और क्या? दुनिया को कुछ हो जाए ये टस से मस नहीं हो सकते, मगर धौरा को अगर ज़रा-सी छींक भी आ जाए तो लिये फिरेंगे जानवरों के डॉक्टर के पास। देखना अभी लौटकर आएँगे तो उसके सींग में तेल लगाएँगे, गर्दन में हल्दी का लेप लगाएँगे," मामी एक साँस में ही बोल गईं।

"तब तो यह आपकी सौत है?" मैंने मामी को चिढ़ाने के ध्येय से कहा।

"और क्या?" मामी ने कहा।

मामा और धौरा में बहुत समानता है। दोनों ही बूढ़े हो चुके हैं। दोनों ही रूखा-सूखा जो मिल जाता है खा लेते हैं। दोनों ही खटकर मेहनत करते हैं, दोनों का खेती ही एकमात्र टाइम पास ही नहीं पैशन भी है, दोनों ही शान्त स्वभाव के हैं, दोनों ही बहुत सहनशील हैं और अपने साथ किए गए अन्याय का प्रतिकार नहीं करते हैं, दोनों ही धूर्त नहीं हैं, जमाने के हिसाब से बुग्गा टापू (बेवकूफ) हैं। दोनों ही तेल पोतने के बहुत शौकीन हैं, दोनों ही जाड़ा, गर्मी और बरसात से अप्रभावित रहते हैं। दोनों ही एक तरह से सोचते हैं, दोनों एक ही तरह से महसूस करते हैं। खतरे के समय दोनों की प्रतिक्रियाएँ एक-सी होती हैं, दोनों ही दिलेर हैं।

इतना ही नहीं, दोनों की शक्लें तक काफी मिलती हैं। दोनों का रंग उज्ज्वल है, दोनों के कन्धे ऊँचे हैं, दोनों की आँखें गट्टे जैसी बड़ी-बड़ी हैं और दोनों एक ही तरह से लिलोरते (देखते) हैं। दोनों स्वस्थ शरीर के हैं, धुरन्धर हैं, दोनों का ही मुँह लम्बोतरा है, नाटे-खोटे नहीं हैं और मामा जब मुँह उठाकर अम्मा कहते हैं तो ऐसा लगता है धौरा 'अम्बा' कह रहा हो। दोनों जब चलते हैं तो लोग कहते हैं, 'राम लखन चले दुइ भाई'। मुझे ऐसा लगता है कि धौरा मामा को भी बैल समझता है।

खेत से मामा जल्दी ही लौट आए। मैंने गौर किया कि मामा सड़क से न आकर खेतों से लगे खड़ंजे से आ रहे हैं। मैंने मामा से पूछा, "मामा, आप सड़क छोड़कर क्यों चल रहे थे?"

मामा कुछ नहीं बोले, मगर पास खड़ी मामी ने मेरे प्रश्न का उत्तर दिया, "सड़क के बीचोबीच चलने के कारण ही बौरा (मामा का दूसरा बैल, किसी समय मामा के पास दो बैल थे) ट्रक की चपेट में आकर मरा था।"

मैंने गौर किया कि बौरा का नाम आने मात्र से मामा उदास हो गए, थोड़ी देर यूँ ही अन्यमनस्क से खड़े रहे, फिर मामी से कहा, "बुद्धन की माई जल्दी से कुछ खाने के लिए दे दो, खाद लेने जाना है, वहाँ पता नहीं कितनी देर तक लाइन में लगे रहना पड़े।"

"खाद के लिए लाइन लगानी पड़ती है?" मैंने आश्चर्य से पूछा।

"और क्या? जिले में खाद केन्द्रों व सहकारी समितियों में इन दिनों यूरिया के लिए जबरदस्त मारामारी मची हुई है। प्रशासन जब कभी बीच-बीच में थोड़ी-बहुत यूरिया मुहैया करा पाता है तो किसानों की भीड़ उसे पाने को टूट पड़ती है, धक्के खाने पड़ते हैं, किसानों में आपस में मारपीट की नौबत आ जाती है, इसलिए पुलिस को लाइन लगवानी पड़ती है," मामा एक साँस में बोल गए।

"बड़ी बदइंतजामी है," मैंने कहा।

"अरे पूछो न। किसान इस समय यूरिया के लिए जबरदस्त जंग कर रहा है। गेहूँ की पहली सिंचाई के बाद यूरिया की खासी माँग बढ़ जाती है और तब सरकारी गोदामों में यूरिया लबालब होनी चाहिए, मगर ऐसे समय किसान उर्वरक की एक-एक बोरी पाने के लिए तरस रहा है," मामा ने रोष में कहा।

"ऐसा क्यों है? क्यों इतनी बदइंतजामी है?" मैंने अफसोस जताते हुए पूछा।

"सिर्फ बदइंतजामी ही नहीं है, कुछ और भी है," मामा ने फुसफुसाकर कहा।

"और क्या है?" मैंने पूछा।

"है क्या? बेईमानी है, और क्या है? जिले के हिस्से में मिलने वाली यूरिया नेपाल पहुँचा दी जाती है, वहाँ ज्यादा पैसा मिल जाता है," मामा ने कहा।

मुझे यह बात लगातार साल रही थी कि मैंने आते ही मामा को दुखी कर दिया। मुझे बैल के बारे में ऐसा कहने की क्या जरूरत थी! मेरे मन में एक खीज थी, अपने स्वभाव को लेकर कि क्यों मैं अपनी भावनाओं को व्यक्त करने के मामले में इतनी जल्दबाजी कर जाता हूँ? अपनी इसी आदत के कारण मैंने गुनाह बेलज्जत मामा को नाराज कर दिया। मुझे मामा से माफी माँग लेनी चाहिए," मैंने मन ही मन तय किया।

मामा बड़ी तल्लीनता से धौरा के सींग पर मालिश कर रहे थे, उस समय मामा एकदम अकेले थे, मौका देखकर मैंने कहा, "मामा, मुझसे गलती हो गई, हमें आपसे ऐसा नहीं कहना चाहिए था, मेरी वजह से आपको ठेस पहुँची, इसका मुझे बहुत दुख है।"

"क्या नहीं कहना चाहिए था, क्या ठेस पहुँची है? मैं कुछ समझा नहीं," मामा ने कहा।

"वही धौरा को बेचने वाली बात," मैंने कहा।

"अरे पगले, इसमें गुस्सा होने की क्या बात है, इसमें तुम्हारी कोई गलती नहीं है। तुम तो वही कह रहे हो जो जमाना कह रहा है, हर आदमी मुझसे यही कहता है कि बेकार में इसको पाल रखा है, बेच दो, कुछ पैसे मिल जाएँगे। मगर मैं जानता हूँ कि बैल अब किसी के काम तो आता नहीं सिर्फ कसाई के। मैं बेचूँगा तो कसाई के पास जाएगा। अब जिसको अपने बच्चे की तरह पाला हो, उसे कसाई के पास कटने के लिए कैसे बेचा जा सकता है?" मामा ने भावुक होकर कहा।

"आप सही कह रहे हैं," मैंने सिर्फ इतना कहा, वहाँ से नानी के पास चला आया। मामा धौरा के साथ खेतों की तरफ चले गए।

मुझे ननिहाल आए कई दिन हो गए थे, मैं बुरी तरह बोर हो चुका था। मुझे महसूस होने लगा कि अपने शोध को 'प्रमेय' का फार्म देकर मैंने भूल की, क्योंकि यहाँ ननिहाल आने पर मेरा जिन्दगी की ऐसी कटु सच्चाइयों से सामना हुआ और इस प्रकार से शोध में जीवन का प्रवेश हो गया। अब इतना तो आप

भी मानेंगे ही कि जीवन को आप किसी प्रमेय में नहीं बाँध सकते। प्रमेय ही क्या किसी भी सिद्धान्त, विचार या विमर्श में नहीं बाँध सकते, क्योंकि सिद्धान्त, विचार या विमर्श की एक सीमा होती है, जबकि जिन्दगी निस्सीम या असीम है। मैं महसूस कर रहा हूँ कि सिद्धान्त और यथार्थ के बीच का अन्तर्विरोध मेरी कहानी के सम्मुख खड़ा हो गया है, जिसे पार पाए बिना कहानी का उद्धार सम्भव नहीं है। मैं बोरियत दूर करने के लिए खेतों का रास्ता छोड़कर हाइवे पर आ गया। हाइवे की चमचमाती सड़क से आधे कि.मी. दूर गाँव बसा है। हाइवे की सड़क गाँव की सड़क को मुँह चिढ़ाती है। हाइवे से खेत साफ दिखाई पड़ रहे हैं। मौसम सम-शीतोष्ण था, न ज्यादा ठंड न ज्यादा गर्मी। सुबह-शाम झुरझुरी-सी ठंड महसूस होती जो हवा के स्पर्श से महसूस होती। धुँधलका गहरा रहा था, अँधेरा गन्ने और गेहूँ के खेतों पर उतर रहा था। गन्ना दूर तक बोया गया था, आधे से अधिक गन्ना कट गया था इसलिए खेत कहीं-कहीं पर खाली थे। गन्ने के अलावा गेहूँ तथा सरसों भी कहीं-कहीं पर दिखाई दे रही थी। गेहूँ पक गया था। खेत के बीच में लम्बी कतार पॉपुलर के पेड़ों की थी। बयार में शीतलता खत्म हो गई थी, मगर गर्मी नहीं थी। कोई बड़े सुरीले स्वर में गा रहा था, दूर कहीं से एक बहुत सुरीला स्वर सुनाई पड़ता है, मगर आवाज स्पष्ट नहीं हो रही थी, उसी समय सीटी बजाती हुई एक पैसेंजर ट्रेन खरामा-खरामा रुकती है जिसके शोर में वह स्वर-लहरी दब जाती है। लोग उतरते हैं, लड़कियाँ उस अँधेरे में भी अपना-अपना रास्ता खोज आगे बढ़ती हैं। इन्हीं लड़कियों के झुंड में मुन्नी भी थी। कुछ किसान पिता अपनी साइकिल लेकर आए हैं। थोड़ी देर बाद ट्रेन सीटी मारती हुई स्टेशन छोड़ देती है। चारों ओर फिर सन्नाटा छा जाता है, अब स्वर थोड़ा स्पष्ट होते हैं। बहुत परिचित स्वर लग रहे थे, शब्द भी सुने हुए लग रहे थे और करीब जाने पर शब्द स्पष्ट हुए—

टुटही मड़हिया के हम हैं राजा, करीला गुजारा थोरे मा।
तोर मन लागे न लागे पतरकी मोर मन लागा बा तोरे मा।

इस गीत को तो मामा अकसर गाते थे। 'यह पतरकी कौन है' यह रहस्य अभी तक बना है। आवाज भी मामा की लग रही है। इसका मतलब है, मामा आसपास ही हैं। मुख्य सड़क को छोड़कर मैं कच्ची पगडंडियों में उतर गया जिस तरफ से स्वर-लहरी आ रही थी।

मामा एक पेड़ के नीचे बैठे मस्ती में गा रहे थे, मुझे देखकर एकदम चुप से हो गए। देशी शराब का एक अद्धा, जिससे आधी शराब पी जा चुकी थी, सामने रखा था, मुझे आता देखकर मामा ने उसे झट से छिपा लिया। पास में एक स्टील का गिलास और मूली, प्याज और थोड़ी-सी नमकीन एक स्टील की प्लेट में रखी थी। थोड़ी देर तक मामा मुझे एकटक देखते रहे फिर पूछा, "यहाँ कैसे आए?"

"कुछ नहीं, बस यूँ ही, मैं बोर हो रहा था, इधर टहलने निकला, आपकी आवाज पहचानकर यहाँ चला आया," मैंने कहा।

"हूँ..." मामा ने गहरी साँस लेते हुए कहा।

"मामा, आप गा रहे थे, आपने गाना क्यों बन्द कर दिया, आप इतना अच्छा गा रहे थे, गाइए," मैंने कहा।

"मैं गा कहाँ पाता हूँ, बस यूँ कुछ ऊटपटाँग गुनगुना लेता हूँ," मामा ने कहा।

"अरे नहीं, आप बहुत अच्छा गाते हैं, एक गाना सुना ही दीजिए," मैंने कहा।

काफी मान-मनौअल के बाद मामा ने गाया, "दुनिया बनाने वाले क्या तेरे मन में समाई..." मामा की आवाज थोड़ी फट रही थी मगर सुरीलापन बरकरार था। मामा का गाना जल्दी ही समाप्त हो गया। हमारे बीच चुप्पी पसर गई।

"मामा, बुद्धन कहाँ गया है, दिखाई नहीं पड़ रहा?" मैंने मामा से पूछा।

बरेली में आई.टी.बी.पी. में जवानों की भर्ती हो रही है, वहीं गया है, बाबूजी की इच्छा थी न कि उनके यहाँ जवान और किसान दोनों हों। मैं किसान बन गया और बुद्धन को जवान बनाना चाहता था, गोरखपुर से लेकर मेरठ तक फौज में भर्ती के लिए बुद्धन गया, मगर वहाँ वह फौजी जवान नहीं बन पाया। हर जगह वह मेडिकल ग्राउंड पर बाहर कर दिया जाता, तो मैंने सोचा कि फौज में क्या कहीं भी जवान बन जाए," मामा ने बड़े रूखे ढंग से बताया।

बुद्धन यानी बुद्धिमान। बुद्धन का नाम आते ही मेरे मस्तिष्क में एक हट्टे-कट्टे, गठीले शरीर वाले नौजवान का अक्स आ जाता है।

"मामा, गाँव बहुत बदल रहे हैं," मैंने अपना किताबी ज्ञान बघारा।

"हूँ," मामा ने सिर्फ इतना कहा।

"गाँव में आग लगी है," मैंने फिर किताबी डायलॉग बोला।

"आग नहीं लगी है, गाँव अन्दर ही अन्दर खदबदा रहा है। आग लग जाए तब तो ठीक ही है, बुझाने का कोई न कोई उपाय तो किया जाएगा," मामा ने कहा।

"मामा, आपके पैर बहुत फटे हैं," मैंने मामा के पैरों की तरफ इशारा करते हुए कहा।

"यह तो मिट्टी का प्रसाद है, जो मिट्टी से नाता रखेगा, उसके पैर बिवाई फटेगी ही।" फिर थोड़ा रुककर बोले, "जाके पैर न फटी बिवाई ऊ का जाने पीर पराई।"

"मामा, फसल तो बहुत अच्छी है इस बार," मैंने कहा।

"फसल अच्छी होने से क्या होता है जबकि आपको उपज का मूल्य न मिले। अब तो हाल यह है कि उपज जितनी ज्यादा, संकट भी उतना ही बड़ा," मामा ने निर्विकार भाव से कहा।

"ऐसा है?" मैंने आश्चर्य व्यक्त करते हुए कहा।

"हाँ, बिलकुल ऐसा है। किसान को अगर उसकी उपज का वाजिब मूल्य मिलने लगे तो उससे ज्यादा सुखी कोई नहीं होगा मगर ऐसा होता नहीं है। किसान की सबसे बड़ी त्रासदी यह है कि जिन्हें यह नहीं पता होता कि गुड़ बोया जाता है या गन्ना वे एयरकंडीशन कमरों में बैठकर कृषि नीति बनाते हैं इसलिए बाजार में किसान को लागत सामग्रियाँ भी दूसरे के द्वारा तय किए दामों पर खरीदनी पड़ती हैं और अपने उत्पाद को भी दूसरों के द्वारा तय दाम पर बेचना पड़ता है," मामा बिना रुके बोलते रहे। उनका चेहरा क्रोध से लाल हो गया। निराशा के भाव साफ झलक रहे थे। थोड़ा रुककर मामा ने फिर कहना शुरू किया, "किसान ही ऐसा अभागा इनसान है जिसे अपने उत्पाद का मूल्य तय करने का अधिकार नहीं है, सरकार दामों के न्यूनतम मूल्य तय करती है मगर यह भी उसे नहीं मिलता। किसान इस जबरई और धींगड़ेपन का क्या करे कि मंडी के सारे आढ़तिये एक हो जाएँ कि जाओ हम इससे ज्यादा कीमत तुम्हारे माल की नहीं देते," मामा बहुत आहत दिख रहे थे।

"यह तो बड़ी अजीब स्थिति है, मैंने तो पढ़ा है कि बाजार कम्पटीशन को बढ़ावा देता है और कम्पटीशन चीजों के वाजिब दाम तय करता है," मैंने कहा।

"यह सब किताबी बातें हैं, बाजार में किसान को कोई कम्पटीशन नहीं दिखाई पड़ता। उसके लिए वहाँ सौहार्द है, एका है। व्यापारियों में जबरदस्त एकता है, मगर किसान बँटा है। अभी कल की बात है, मैं और पड़ोस का पुरुषोत्तम मंडी में अरहर की दाल और काला बैगन, जिसे भंटा कहते हैं, लाचारी में बेचकर लौटे हैं। बाजार में अरहर की दाल सौ रुपये या उससे भी ज्यादा के भाव बिक रही

है, जबकि भंटा दस रुपये किलो बिक रहा है। मगर मोल-भाव के बाद मंडी में हमें अरहर की दाल तीस रुपये किलो और बैगन को दो रुपये किलो व्यापारियों को बेचना पड़ा...।" मामा ने अपनी बात पूरी भी नहीं की थी कि मैंने टोका, "तो आपको नहीं बेचना चाहिए था, थोड़े दिन बाद बेचते।"

"नहीं बेचता तो ट्रक वापस लाना पड़ता और ट्रक का भाड़ा अपनी जेब से देना पड़ता।" मामा की आवाज से लग रहा था कि उनका गला भर आया है, और ऐसा लग रहा था कि वे अब रोये कि तब रोये। उन्हें बोलने के लिए अपने से ही संघर्ष करना पड़ रहा था। मगर अपने को भावुकता से बचाते हुए उन्होंने कहना जारी रखा, "जब विद्यार्थी था तो पढ़ा था, 'दुनिया के मजदूरो एक हो, तुम्हारे पास खोने को कुछ नहीं है सिर्फ तुम्हारी बेड़ियों के।' मगर मजदूर तो एक नहीं हुए, हाँ, व्यापारी और पूँजीपति जरूर एक हो गए और सब मिलकर किसानों को भी मजदूर बनाकर बेड़ियाँ डालना चाहते हैं।"

"मामा, एक बात पूछूँ, आप बुरा तो नहीं मानेंगे?" मैंने सकुचाते हुए कहा।

"अगर बुरा मानने वाली बात होगी तो बुरा भी मानूँगा," मामा ने कहा।

"तो फिर मैं नहीं पूछूँगा," मैंने इनकार में सिर हिलाते हुए कहा।

"पूछो-पूछो, चलो बुरा नहीं मानूँगा," मामा ने कहा।

"मामा, आप शराब पीते हैं?" मैंने सीधा प्रश्न दागा।

मामा मेरा प्रश्न बरका गए। मैंने फिर टोका।

"क्या करूँ," फिर बोतल की तरफ इशारा करते हुए कहा, "इसने अब तक मुझे खुदकुशी करने से रोक रखा है वर्ना पन्द्रह एकड़ जमीन साहूकारों के हाथ गँवा चुकने के बाद जीने की कोई वजह नजर आती? देशी-ठर्रा के दो-चार घूँट हलक के नीचे उतार लेता हूँ तो कुछ घंटों के लिए मेरे सारे दुख दूर हो जाते हैं। कम से कम तीन-चार घंटे आराम से सो लेता हूँ," मामा ने भर्राई आवाज में कहा।

"आपकी जमीन साहूकारों के पास है?" मैंने आश्चर्य व्यक्त किया।

"हाँ, और क्या! मैं सिर से पैर तक कर्ज में डूबा हुआ हूँ," मामा ने कहा।

"मगर आप तो उस खेत में काम भी करते हैं?" मैंने पूछा।

"मैंने अपने घर में किसी को नहीं बताया है कि खेत गिरवी हैं, मेरे और साहूकारों के बीच में यह समझदारी बनी है कि जब तक उसे उपयुक्त ग्राहक नहीं मिल जाता मैं ही उसके खेत को जोतता-बोता रहूँ और फसल लेता रहूँ,"

इतना कहते-कहते मामा का गला भर आया। मामा ज्यादा देर तक अपने को रोक नहीं पाए, वे खुलकर रोने लगे। रोते-रोते उनकी हिचकी बँध गई, वे थोड़ी देर तक रोते रहे और मैं उनको यूँ ही देखता रहा। थोड़ी देर बाद वे सामान्य हुए तो मैंने कहा, "मामा, माफ करिएगा, मैंने ख्वाहमख्वाह आपको रुला दिया।"

"अरे पगले, माफी क्यों माँग रहे हो, अच्छा हुआ रो लिया, दिल हल्का हो गया, कई दिनों से मेरा खुलकर रोने का मन कर रहा था।" मामा ने कहा।

थोड़ी देर हम वहाँ रहे फिर रात घिर आई और हम खरामा-खरामा घर वापस आ गए।

8

सुबह से ही मन खटक रहा था। जब से टीवी से खबर सुनी थी कि आई.टी.बी.पी. की भर्ती के लिए आए नवयुवकों ने बरेली में टिड्डी दल की तरह धावा बोल दिया है जिस कारण पूरे शहर में अराजकता व्याप्त हो गई है, जगह-जगह इन नवयुवकों और पुलिस के बीच झड़प हो रही है। तभी से मन बुद्धन को लेकर आशंकित हो गया है। हुआ यूँ कि ग्यारह सौ जवानों की भर्ती के लिए आई.टी.बी.पी. वालों ने पूरे देश से नवयुवक बुला लिए थे, जिनकी संख्या लाखों में पहुँच गई। आमतौर से इस तरह की भर्ती क्षेत्रीय या जोनल स्तर पर होती है। पूरे देश से लोग नहीं बुलाए जाते, लेकिन आयोजकों ने अनुभवहीनतावश पूरे देश से लोग बुला लिए, जिस कारण शहर में अप्रत्याशित भीड़ इकट्ठा हो गई। इतना ही नहीं भर्ती की कोई तैयारी भी नहीं थी, लड़के तीन दिन तक भटकते रहे, उन्हें कोई सही जवाब देने वाला न था। अन्त में नवयुवकों का गुस्सा फट पड़ा और उन्होंने आई.टी.बी.पी. के मुख्यालय पर धावा बोल दिया। पुलिस बुलाई गई, डंडे बरसे, कई जख्मी हुए। पुलिस ने नवयुवकों को पकड़कर ट्रेन में बैठाकर शहर से बाहर खदेड़ा। ट्रेन में तिल रखने की जगह नहीं थी, प्रशासन और रेलवे अधिकारियों की आँखों के सामने नवयुवकों ने ट्रेन की छत पर बैठकर यात्रा की। किसी ने न सिर्फ उन्हें रोका नहीं, बल्कि उनको रेल की छत पर बैठकर यात्रा करने के लिए उकसाया। सभी सोच रहे थे, जल्दी से जल्दी बला टले।

अगले दिन खबर आई कि शाहजहाँपुर क्रॉस करते ही, हिमगिरि एक्सप्रेस में हादसा हो गया। शाहजहाँपुर पार करते ही रेलवे की एक पुलिया पड़ती है,

पुलिया की ऊँचाई कम होने के कारण ट्रेन की छत पर बैठकर यात्रा कर रहे नवयुवक पुल से टकराकर नदी में ऐसे टपक रहे थे, जैसे पेड़ से आम। नदी खून से लाल हो गई, ट्रेन की बोगी, रेल की पटरियाँ एवं पुल की रेलिंग लाशों से पट गई थी। मृत लोगों की लिस्ट में रामप्रवेश, निवासी महुअवा, चौरी-चौरा पढ़कर मैं धक्क रह गया। दरअसल बुद्धन का नाम रामप्रवेश था।

9

89 साल बाद चौरी-चौरा फिर सदमे में है। साल था, 1922, आजादी के लिए जंग जारी थी। चौरी-चौरा के दरोगा गुप्तेश्वर सिंह ने फोर्स के साथ आन्दोलनकारियों पर लाठी चार्ज किया था, जवाब में पथराव हुआ तो पुलिस ने गोलियाँ चलाईं। इसकी प्रतिक्रियास्वरूप आन्दोलनकारियों ने 23 पुलिसकर्मियों को थाने में बन्द कर जला दिया था। घटना से गांधी जी बहुत दुखी हुए और उन्होंने सविनय अवज्ञा आन्दोलन वापस ले लिया था, क्योंकि आन्दोलन हिंसक हो गया था।

अब 89 साल बाद गोरखपुर का वही चौरी-चौरा फिर सदमे में है, क्योंकि यहाँ के चार लँगोटिया यारों की जिन्दगी पुलिस, प्रशासन, रेलवे और आई.टी. बी.पी. की बदइंतजामी की भेंट चढ़ गई थी। बुद्धन की लाश आ चुकी थी, लाश देखते ही मामी धाड़ मारकर रोईं और थोड़ी देर में बेहोश हो गईं, मगर मामा लाश को एकटक देखे जा रहे थे, उनकी आँख में रंचमात्र को आँसू न थे। मुझे चिन्ता यह थी कि मामा रो क्यों नहीं रहे हैं, क्या मामा दिल को भारी ही रखेंगे?

कुमाता न भवति

भगवान ने कहा, "माँ मेरी तरफ से एक दुर्लभ तोहफा है।"

समुद्र ने कहा, "माँ एक सीप है, जो सन्तान के लाखों रहस्यों को सीने में छिपा लेती है।"

बादल ने कहा, "माँ एक चमक है, जिसमें हर रंग उजागर होता है।"

सन्तान ने कहा, "माँ ममता की अनमोल दास्तान है जो हर दिल पर अंकित है।"

औरंगजेब ने कहा, "माँ के बिना हर घर कब्रिस्तान है।"

किसी अज्ञात ने कहा, "माँ के बिना बच्चे डाली से टूटे हुए फूल की तरह हैं जिसे हर कोई रौंदना चाहता है।"

नादिरशाह ने कहा, "मुझे माँ और फूल में कोई अन्तर नहीं दीखता।"

शंकराचार्य ने कहा, "पुत्र तो कुपुत्र हो सकता है, मगर माँ कुमाता नहीं होती।"

2

जैसे ज्वाइंट फेमिली और न्यूक्लियर फेमिली होती हैं, वैसे ही नैनो फेमिली भी होती है। संयुक्त परिवार मतलब जिसमें दादा, दादी, कई चाचा, चाची, माँ-बाप एवं कई बच्चे हों। न्यूक्लियर फेमिली मतलब माँ, बाप एवं एक या दो बच्चे। इसी तरह होती है नैनो फेमिली, यानी माँ-बाप में कोई एक, और एक बच्चा।

तो यह एक नैनो फेमिली की कहानी है।

बच्चों का यह स्कूल आदर्शों में आदर्श है जिसमें प्रेप से लेकर टेंथ क्लास तक की पढ़ाई होती है।

कुमाता न भवति

समय—बच्चों के रिसेज़ (इंटरवल) का।

स्थान—खेल का मैदान।

मैदान में बड़े बच्चे क्रिकेट, फुटबॉल और वालीबॉल खेल रहे हैं। मैदान में तीन तरफ क्लास रूम हैं और चौथी तरफ मेहँदी की झाड़ियाँ हैं जिससे लगी हुई मुँडेरनुमा दीवार है, दीवार से सटकर ही छोटी-छोटी सीढ़ियाँ हैं जिनसे उतरकर छोटे मैदान में जाया जा सकता है।

छोटे मैदान में एक तालाब है। कुछ संकोची स्वभाव के बच्चे तालाब में किनारे बैठकर मेढकों की टर्र-टर्र की आवाज की नकल कर रहे हैं या उनका उछलना देख रहे हैं और जब उकता जाते हैं तो तालाब में कंकड़ फेंकने लगते हैं जिससे पानी की सतह पर लहरें बनती और 'डुप्प-डुप्प' की आवाज होती है। यदि कंकड़ कभी मेढक को लग जाता है तो बच्चे खूब खुश होते हैं और ताली बजाते हैं। जाड़े के दिनों में तालाब से भाप निकलती, जिसकी ऊँची उठती हिलकोरती लहरें वलनाकार धारण कर ऊँची-ऊँची होती हुई उनके पास तक पहुँच जातीं और तब बच्चों को बहुत अच्छा लगता है।

तालाब के ऊपर गुलमोहर का घनेरा पेड़ है जो गर्मी के दिनों में जब लहराकर झूमता है तो ऐसा लगता है गोया कह रहा हो, "जब-जब चले हैं धूप में पाँव सीना तन गया है।" गुलमोहर से सटकर ही केले के दो पेड़ हैं, इन्हें केला-केली कहते हैं। फिर एक लाइन से कनेर एवं हरसिंगार के पेड़ हैं, जिसमें दशहरे के आसपास खूब फूल खिलते हैं और तब पूरा बगीचा गमक उठता है। हरसिंगार के सामने वाली लाइन में स्टोनिया और अर्जुन के पेड़ लगे हैं, एक ओर क्यारियों में खूबसूरत फुलवाड़ियाँ हैं। मैदान के बीच में बच्चों के झूलने के लिए कई प्रकार के झूले हैं।

कुछ बड़े बच्चे तालाब में मेढक पकड़ने में लगे हैं, कुछ मैदान में क्रिकेट खेल रहे हैं। छोटे बच्चे खो-खोनुमा कुछ खेल रहे हैं, जो बच्चे बहुत छोटे हैं वे झूला झूल रहे हैं। इस छोटे मैदान की खास बात यह है कि यह सड़क से दिखाई पड़ता है, मिसेज शर्मा तो इस छोटे मैदान को देखकर इतनी लहालोट हो गई थीं कि उन्होंने और किसी बात पर खास गौर नहीं किया और तथागत का इसमें एडमिशन करवा दिया।

संकोची किस्म के लड़के मुँडेरनुमा दीवार पर चुपचाप बैठे हैं और लड़कों का खेलना देख रहे हैं और इनमें से कुछ चियर-लीडर्स की भूमिका निभा रहे हैं।

कुछ बच्चे चुपचाप बैठकर घर से लाया हुआ खाना खा रहे हैं। जब से मिसेज शर्मा तथागत को छोड़कर विलायत गई हैं तब से तथागत भी इन अन्तर्मुखी लड़कों की पाँत में शामिल हो गया है।

तथागत अब हमेशा उदास और बेगाना-सा रहता है और अकेले में बैठकर ममा से यूँ ही एकालाप करता है, "ममा, तुम कैसी हो?"

"तुम्हें मेरी याद नहीं आती?"

"तुम मेरे बिना कैसे रह लेती हो?"

"ममा तुमने तो कहा था कि तुम बहुत जल्दी आ जाओगी मगर तुम अभी तक नहीं आईं जबकि वनमंथ (एक महीना) पास हो गया।" ममा की याद से तथागत की आँखों में आँसू आ गए और ठीक उसी समय भूवी तथागत के सामने आकर खड़ी हो गई।

"क्या हुआ? आर यू वीपिंग तत? (क्या तुम रो रहे हो?)"—भूवी ने पूछा। भूवी उसे हमेशा इसी नाम से पुकारती है। उसका कहना है कि तुम्हारा नाम बहुत लम्बा और कठिन है इसलिए मैं तुम्हारा नाम नहीं लिया करूँगी, मैं तुम्हें शार्ट नेम से बुलाया करूँगी तत—तुम्हारे नाम के पहले और आखिरी अक्षर को मिलाकर।

"नो, नो, बिलकुल नहीं," तथागत ने जोरदारी से इनकार किया।

"तो फिर तुम्हारी आँखों में आँसू कैसे," भूवी ने पूछा।

"ये आँसू नहीं हैं, ठंड की वजह से पानी आ गया," तथागत ने कहा। 'थैंक्स गॉड ठंड का अच्छा बहाना रहा,' तथागत ने मन ही मन कहा।

जब से ममा विलायत गई हैं, भूवी तथागत की जिन्दगी का सेविंग ग्रेस या कन्सोलेशन प्वाइंट है वर्ना अन्य बच्चों का आक्रामक व्यवहार तथागत के लिए बहुत भारी पड़ता है।

"तत तुमने खाना खा लिया," भूवी ने पूछा।

"नो," तथागत ने उत्तर दिया।

"आओ हम लोग साथ खाना खायें," भूवी ने कहा।

"नहीं तुम खा लो," तथागत ने कहा।

"आओ न," भूवी ने आग्रह किया।

"मेरा मन नहीं है," तथागत।

"आओ न," अबकी भूवी ने तथागत का हाथ अपनी तरफ खींचते हुए कहा। भूवी के आग्रह करने पर तथागत अनमने ढंग से भूवी के साथ खाना खाने के

लिए तैयार हुआ। दोनों मुँडेरनुमा दीवार पर आकर बैठ गए। तथागत ने जैसे ही अपना टिफिन खोला, भूवी समझ गई कि तथागत क्यों संकोच कर रहा था। उसके टिफिन में जैम लगी दो ब्रेड, दो बिस्कुट और एक चाकलेट थी, जबकि भूवी का टिफिन सब्जी से भरा था, दूसरे टिफिन में पराँठे के साथ थोड़ा-सा गाजर का हलवा था जिसे भूवी की माँ ने अपने हाथ से बनाया था। भूवी ने अपने टिफिन से सब्जी और पराँठे निकालकर तथागत को दिए और तथागत ने पूरी चाकलेट भूवी को दे दी। भूवी ने गौर किया कि तथागत ने सब्जी पराँठे को बड़े चाव से खाया और अब टिफिन में लगे आखिरी कतरे को खाने में भिड़ा हुआ है। भूवी ने चाकलेट खाते हुए तथागत की तरफ गौर से देखा। तथागत झेंप गया, झेंप मिटाने के लिए उसने कहा, "तुम्हारी यह भीड़ वाली सब्जी बहुत टेस्टी थी।"

"अरे, ये गोभी की सब्जी है," भूवी ने किंचित् मुस्कुराते हुए कहा।

"हाँ, मगर इसमें और सब्जियाँ भी तो थीं," तथागत।

"हाँ, इसमें आलू, टमाटर और मटर मिक्स थी," भूवी ने कहा।

"हाँ, मगर थी बहुत टेस्टी, मैंने इतनी टेस्टी सब्जी नहीं खाई," तथागत ने कहा।

"मेरे पापा भी यही कहते हैं, वे कहते हैं कि ऐसी लाजवाब सब्जी उन्होंने कहीं और नहीं खाई," भूवी।

"अंकल सही कहते हैं," तथागत।

"तत्, तुम अपनी ममा से कहो मेरी ममा से फोन पर इसकी रेसिपी जान लें," भूवी।

"मेरी माँ यहाँ नहीं रहती," तथागत।

"कहाँ रहती हैं?" भूवी।

"लंदन में," तथागत।

"क्या तुम्हारे पापा-मम्मी में सेपरेशन हो गया है?" भूवी।

"नहीं। ममा अपने रिसर्च वर्क के लिए विदेश गई है," तथागत।

"कब से गई हैं?" भूवी।

"छह महीना हो गया," तथागत।

"तुम्हें छोड़कर कैसे चली गईं? कैसी माँ हैं? तुम्हारे बिना कैसे रह लेती हैं?" भूवी एक साँस में ही बोल गई।

तथागत के लिए यह कोई हैरत वाली बात नहीं थी, उसे अकसर ही इस तरह के प्रश्नों से दो-चार होना पड़ता है। वह इस तरह के प्रश्नों का आदी हो

गया है और वह जानता है कि ऐसे समय मौन ही सबसे अच्छा अस्त्र है। तथागत को लगा उसने नाहक ही पूरी बात सच-सच बता दी। पूरी बात न बताता तो वह सहानुभूति का पात्र बना रहता और ममा के लिए भी भूवी इतना खराब न बोलती।

3

तथागत स्कूल से वापस आता है तो घर में भूचाल-सा आ जाता है। किसी न किसी बात पर वह बाहर से ही चीखता हुआ आता है और उस समय उसके ताव को घरेलू नौकर बालकिशुन या किशुन ही झेलता है। आज भी ऐसा ही हुआ, उसका प्यारा-सा कुत्ता नेपोलियन बाहर घूमते हुए मिल गया, फिर क्या था? तथागत चीखते हुए घर में प्रवेश करता है, "किशुन तुम्हारे रहते नेपोलियन बाहर घूम रहा था, रोडेडियन (सड़क छाप) उसे परेशान कर रहे थे। तुम देखते नहीं, क्या करते रहते हो? तुम बहुत मक्कार हो गए हो...पापा से कहकर तुम्हारी पिटाई करवानी पड़ेगी।"

अपने लिए 'मक्कार' शब्द के इस्तेमाल से किशुन के पूरे शरीर में आग लग गई, उसका मन हुआ कि एक झन्नाटेदार झापड़ उसे रसीद कर दे। किशुन को तथागत में हूबहू साहब की छाप दिखी, वैसी ही हेकड़ी और वैसी ही कर्कश आवाज। किशुन ने अपने गुस्से को बहुत दबाने की कोशिश की, मगर फिर भी झुँझलाहट-भरे स्वर में कहा, "तुम मुझसे कैसे बोल रहे हो तथागत?"

"मैं ऐसे ही बोलूँगा," तथागत ने रुखाई से कहा।

"क्यों ऐसे बोलोगे भइया?" किशुन ने मुलायमियत से कहा।

"मैं ऐसे ही बोलूँगा, तुम्हें जो करना हो, कर लो," तथागत ने ढिठाई से कहा।

"मैं देख रहा हूँ जब से मेम साहब बाहर गई हैं तब से तुम बहुत बदतमीज और शैतान हो गए हो, आज मैं मेम साहब से तुम्हारी शिकायत करूँगा," किशुन ने रोष-भरे स्वर में कहा।

'शरीर तो केंचुवे के बराबर है, मगर जबान साँप की तरह जहर उगलती है,' किशुन मन ही मन बुदबुदाया।

"कर देना, मैं नहीं डरता ममा से," तथागत ने कहा।

"हाँ, हाँ, क्यों डरोगे। जानते हो न कि ममा मारने के लिए स्क्रीन से निकलकर बाहर तो आ नहीं सकती," किशुन ने कहा।

"बाहर आ भी सकती तो भी नहीं डरता," फिर थोड़ी देर रुककर कहा, "मुझे मार का डर नहीं है," तथागत गुस्से में था।

"मगर यह सुनकर कि तुम मुझसे बदतमीजी करने लगे हो, ममा को कितना दुख होगा?" किशुन ने कहा।

"हों दुखी, मुझे परवाह नहीं, ममा की बिलकुल भी परवाह नहीं है," तथागत ने मुँह बिचकाकर कहा।

"तुम्हें ममा की परवाह नहीं है?" किशुन तथागत की तरफ अवाक्-सा देखने लगा। थोड़ी देर तक देखता रहा, 'लड़का बड़ा हो गया है,' वह बुदबुदाया। थोड़ी देर की चुप्पी के बाद कहा, "अच्छा तथागत भइया, मैं खाना लगा देता हूँ, तुम जल्दी से खा लो।"

"मैं खाना नहीं खाऊँगा," तथागत ने कहा।

"क्यों?" किशुन ने पूछा।

"मुझे भूख नहीं लगी है," तथागत।

"मगर, तुम्हें भूख क्यों नहीं लगी है? बाहर कुछ खाया है क्या? किसी ने ट्रीट दिया है क्या?" किशुन ने एक बार में पूछ डाला।

"नहीं...," तथागत गुस्से में चीखा।

"खा लो मेरे प्यारे भइया, मैं मेम साहब से शिकायत नहीं करूँगा," किशुन ने चिरौरी करते हुए कहा। किशुन ने सोचा जब साहब को यह पता चलेगा कि तथागत ने खाना नहीं खाया है तो साहब इस बात पर बहुत बिगड़ेंगे और हो सकता है मेरी पिटाई भी कर दें।

"कह दिया न कि मैं नहीं खाऊँगा," तथागत ने चिल्लाकर कहा।

"अच्छा, एक ही रोटी खा लो," किशुन ने घिघियाते हुए कहा।

तथागत बड़ी देर तक मनौना लेता रहा फिर कहा, "अच्छा जल्दी लाओ।"

4

मिसेज शर्मा की बचपन से यह ख्वाहिश रही है कि वे कम से कम एक बार इंग्लैंड हो आएँ।

मिसेज शर्मा जिस वर्ग से आती हैं उसके मन में अंग्रेजी और अंग्रेजियत के प्रति खास सम्मान है, अंग्रेजो भाषा, अंग्रेजी रहन-सहन और अंग्रेजी संस्कृति

के प्रति खास आकर्षण है। यह वर्ग आज भी यह मानता है कि जब तक अंग्रेज हमारे प्रभु रहे, तब तक हिन्दुस्तान में सब कुछ ठीक-ठाक रहा, अंग्रेजों ने हमें सभ्य बनाया, आज भी हिन्दुस्तान में जो कुछ अच्छा है वह अंग्रेजों की देन है और अंग्रेजी और अंग्रेजियत ही इस देश को बचा सकती है। यह वर्ग आज भी उन गुलामी के दिनों की दुहाई देते नहीं थकता। परजीवियों का यह वर्ग आज भी इस बात को मानने को तैयार नहीं है कि इंग्लैंड की वह गरिमा अब खत्म हो चुकी है। इस वर्ग के लिए इंग्लैंड यदि स्वर्ग नहीं तो स्वर्ग से कम भी नहीं है।

मगर मध्यवर्गीय परिवार की पृष्ठभूमि होने के कारण वे अपनी इस इच्छा को पूरा नहीं कर पा रही थीं, इसीलिए जैसे ही उन्हें इंग्लैंड में मिस्टर हार्डिंग के निर्देशन में शोध करने का ऑफर मिला, उन्होंने उसे लपक लिया।

ऑक्सफोर्ड और कैम्ब्रिज विश्वविद्यालय (जो अपनी चार सौ साल पुरानी गरिमा को आज भी बचाए है), ब्रिटिश म्यूजियम, विक्टोरियाकालीन बड़ी-बड़ी इमारतें (जो अपने विराट स्थापत्य के लिए प्रसिद्ध हैं), टेम्स नदी (जिसके किनारे खड़े होकर टी. एस. इलियट कविता लिखा करते थे), ब्रिटिश पार्लियामेंट (जिसे पार्लियामेंट की माँ कहते हैं) आदि के मोहपाश में, शोधकार्य की व्यस्तता में, मिस्टर हार्डिंग (मिसेज शर्मा के रिसर्च गाइड) के सौजन्यपूर्ण व्यवहार आदि की वजहों से मिसेज शर्मा को पता नहीं चला कि छह माह कब बीत गए।

जब से मिसेज शर्मा गई हैं तब से तथागत को कार्टून फिल्म्स देखने की बुरी लत लग गई है। ये फिल्में वह पहले यदा-कदा ही देखा करता था, क्योंकि मिसेज शर्मा का नियंत्रण रहता था, वे सख्ती से पेश आती थीं और हमेशा उसको इतना व्यस्त रखती थीं कि उसे फिल्में देखने का मौका नहीं मिलता था। मगर जब से वे गई हैं उस पर कोई नियंत्रण नहीं रह गया है। मिस्टर शर्मा दिन-भर घर में नहीं रहते और जब रहते भी हैं तो सोचते हैं कि चलो लड़का भिड़ा है, माँ को याद नहीं कर रहा है, माँ को याद करेगा और कहीं हुड़क गया तो अलग प्रॉब्लम होगी। इसलिए वे उसे इसके लिए कभी मना नहीं करते हैं। इसलिए वह घर में हमेशा कार्टून फिल्म देखता है और न सिर्फ फिल्म ही देखता है, बल्कि उसी दुनिया में हमेशा खोया सा रहता है। कार्टून फिल्म्स बुरी तरह से उसके सोच को प्रभावित कर रही हैं, ऐसा मिस्टर शर्मा ने अकसर महसूस किया है।

दीपावली के त्योहार में मिस्टर शर्मा अपने गाँव गए थे तो तथागत को भी साथ ले गए थे। तथागत का गाँव से पहली बार साबका पड़ा था। वहाँ गड्ढेदार

टूटी-फूटी सड़कों को देखकर वह बोला था, "पापा, बाब द बिल्डर आकर हमारी ऊबड़-खाबड़ सड़कों की मरम्मत क्यों नहीं कर देता?"

"यह कौन है?" मिस्टर शर्मा ने पूछा।

"आप नहीं जानते पापा?" तथागत ने किंचित् आश्चर्य से पूछा।

"नहीं," मिस्टर शर्मा।

"बाब द बिल्डर फटाफट सड़कों की मरम्मत कर देता है और झटपट बड़े-बड़े फ्लाई ओवर और इमारतें खड़ी कर देता है।"

"अच्छा, वह कार्टून फिल्म्स का हीरो?" मिस्टर शर्मा ने पूछा।

"हाँ, पापा," तथागत ने कहा।

"बेटा यह यथार्थ नहीं है, सच नहीं है, वह तो फैंटेसी है, भ्रम है, झूठ है। सचमुच में ऐसा थोड़ी होता है," मि. शर्मा ने बड़े प्यार से समझाते हुए कहा।

"मगर फैंटेसी और यथार्थ में अन्तर क्यों होता है?" तथागत ने पूछा।

"अब बेटा इसका उत्तर मैं क्या दूँ," मि. शर्मा ने कहा।

तथागत अकसर मि. शर्मा से ऐसे सर्चिंग प्रश्न करता है जिसका तुरन्त जवाब देना उनके लिए सम्भव नहीं होता। पहले तो वे अकसर उसे मिसेज शर्मा की तरफ टरका देते, मगर अब अकेले ही उन्हें तथागत के प्रश्नों को झेलना पड़ता है। वे अकसर झुँझला जाते हैं फिर भी अपने पेशेन्स को बनाए रखते हैं, यही तो परीक्षा है।

खाने के बाद दिन में तथागत सोता है, ताकि स्वप्न देख सके और स्वप्न में भूवी को देख सके। मगर आज दिन में तथागत सोया नहीं, क्योंकि उसे स्कूल से आने में देर हो गई थी, अब अगर वह सो जाएगा तो ममा से बात कैसे करेगा? यह समय तथागत के लिए सबसे महत्त्वपूर्ण होता है, वह अपनी माँ को अपनी दिन-भर की दिनचर्या से अवगत कराता है, अपने गुस्से और खीज को निकालता है और यदि कोई खुशी की बात हुई तो उसे भी शेयर करता है। तथागत अब कम्प्यूटर पर कार्टून फिल्म देखने लगा।

जैसे ही फिल्म खत्म हुई, टेलीफोन की घंटी बजने लगी, घंटी बहुत लम्बी-लम्बी बज रही थी जिससे तथागत ने अन्दाज लगा लिया कि यह फोन ममा का ही है, उसने तुरन्त इंटरनेट मिलाया, मिलने में चंद मिनट लगे, ममा स्क्रीन पर तथागत के ठीक सामने थीं।

"हैलो तत्, हाउ आर यू?" ममा।

"फाइन," तथागत।

"हाउ इज योर डैड?" ममा।

"क्वाइट फाइन," तथागत।

"व्हेयर इज ही?" ममा।

"ही हैज गॉन टु पांडेय अंकल, ही वाज वेटिंग फार योर कॉल, उन्होंने खुद आपको ट्राई किया, मगर फोन मिल के ही नहीं दिया। फिर डैड ने कहा, रात में पांडेय अंकल के यहाँ जाना ठीक नहीं है, वे आपसे रात में बात कर लेंगे," तथागत एक ही साँस में बोल गया।

"पांडेय अंकल के घर क्यों गए हैं?" ममा ने पूछा।

"उनकी मदर की डेथ हो गई है न," तथागत।

"वेरी सैड, इट्स वेरी सैड," ममा।

...

"दिन-भर क्या किया?" ममा।

"सुबह उठकर होमवर्क किया, स्कूल गया, वहाँ से लौटा, खाना खाया फिर कार्टून फिल्म्स देखीं," तथागत ने बताया।

"होमवर्क किया?" ममा।

"बताया नहीं कि सुबह कर लिया था," तथागत।

"वेरी गुड, वेरी गुड, यू ऑर ए नाइस ब्वाय," ममा ने कहा। फिर तुरन्त ही पूछा, "सोये नहीं?"

"नो," तथागत।

"क्यों?" ममा।

"आज स्कूल से देर में आया, सो जाता तो आप से बात कैसे होती?"

"दैट्स ए प्वाइंट," ममा ने कहा और फिर पूछा, "स्कूल में क्या हुआ?"

"ममा आज मैंने जो फिल्म्स देखीं, वे बड़ी फनी थीं, बहुत मजा आया," तथागत।

"अच्छा, तुम्हें पसन्द आईं," ममा।

"हाँ, मुझे बहुत पसन्द आईं, बड़ी मजेदार थीं," तथागत से रहा नहीं जा रहा था। वह जल्द से जल्द फिल्मों की स्टोरी सुना देना चाहता है।

"कौन सी थीं?" ममा।

"दो देखीं 'प्रिन्सेस टोमैटो इन द सैलेड किंगडम' और 'हनुमाना'।"

"बड़ा टाइम लगा होगा, बड़ा टाइम वेस्ट किया," ममा ने कहा।

"क्या करता ममा, स्कूल में आज होमवर्क ही नहीं मिला," तथागत ने कहा।

"चलो कोई बात नहीं, स्कूल में होमवर्क नहीं मिला इसलिए तुम मस्ती करते रहे," ममा।

"हाँ," तथागत ने सिर्फ मुंडी हिलाई।

"कैसी थीं फिल्में?" ममा।

"बहुत अच्छी, स्टोरी सुनाऊँ?" तथागत ने पूछा।

"हाँ, सुनाओ," ममा ने तथागत का दिल रखने के लिए कह दिया।

"पहले कौन सी सुनाऊँ?" तथागत।

"कोई भी सुनाओ," ममा।

"'प्रिन्सेस टोमैटो इन द सैलेड किंगडम' की कहानी सुनाता हूँ," तथागत।

"सुनाओ," ममा।

"राजा फूल गोभी के राज्य में सभी सब्जियाँ ऐं-ऐं-मिल-जुलकर रहती थीं।...ऐं-ऐं-उनमें कभी आपस में लड़ाई नहीं होती थी, मगर फिर क्या हुआ... ऐं-ऐं-ऐं, ऐसा हुआ—ऐं-ऐं-ऐं-कि आ-ऐं..."

"क्या ऐं-ऐं लगाए हो, ठीक से सुनाओ न," ममा ने टोका।

ममा के टोकने पर तथागत चिढ़ गया और उसने चिढ़कर कहा, "नहीं सुनाता जाओ," और मुँह घुमाकर खड़ा हो गया।

"सुनाओ बेटा," ममा ने चिरौरी की।

"नहीं," तथागत ने गुस्से में कहा।

"आई एम सॉरी, रियली आई एम वेरी सॉरी, लो कान पकड़ लिया, अब सुनाओ," ममा ने दोनों कान पकड़कर कहा।

तथागत ने फिर से सुनाना शुरू किया, "राजा का ही एक मंत्री लौकी, राजकुमारी टमाटर का अपहरण कर लेता है," तथागत अब धीरे-धीरे पॉज के साथ कहानी सुनाने लगा। "राजा ने पूरे राज्य में एनाउंसमेंट करवा दिया कि जो कोई राजकुमारी को लौकी से आजाद करवा देगा उसे इनाम में न केवल राजकुमारी, बल्कि पूरा राज्य भी मिल जाएगा," तथागत सुनाते हुए हाँफ रहा था और हाँफने के कारण वह रुक गया।

थोड़ी देर रुककर मिसेज शर्मा ने पूछा, "फिर क्या हुआ?"

"बहादुर खीरा लौकी को लड़ाई में हराकर राजकुमारी को आजाद कराता है और शादी करके पूरे राज्य का मालिक बन जाता है," तथागत ने किस्सा पूरा किया।

"फिर क्या हुआ?" ममा ने पूछा।

"फिर क्या हुआ? कहानी खत्म हुई," तथागत ने कहा।

"ओह, कहानी खत्म हो गई, यह तो मुझे पता ही नहीं चला," ममा ने कहा।

"ममा तुम मेरी बात पर ध्यान नहीं दे रही हो," तथागत ने टोका।

"नहीं बेटा, मैं पूरा ध्यान दे रही हूँ," ममा ने आश्वस्त किया। मिसेज शर्मा को लगा जैसे किसी ने उनकी चोरी पकड़ ली, वे एलर्ट होकर तथागत की बातें ध्यान से सुनने लगीं।

"दूसरी कौन-सी देखी?" ममा ने पूछा।

"हनुमाना देखी," तथागत।

"कैसी लगी?" ममा।

"वेरी फनी, वेरी फनी," तथागत ने कहा और फिर अपनी तरह से किस्सा सुनाने लगा, "हनुमाना, जिसे मारुति या गॉड ऑफ एयर भी कहते हैं, वह माउंटेन को लेकर उड़ता है, खूब दूर तक। डेमन्स (राक्षसों) को खूब मारता है, खूब मारता है, रावण के गार्डेन को खूब डिस्ट्रॉय करता है, गार्डेन के ट्रीज़ और फ्रूट्स तोड़ता है, फ्रूट्स खाता कम है, नष्ट ज्यादा करता है, सन (सूरज) को निगल जाता है। एक से एक फनी वर्क करता है, बड़ा मजा आता है, वेरी फनी, वेरी फनी," तथागत ने पूरा किस्सा सुनाया।

"ममा, पापा ने कहा है कि वे आज 'गणेशा' का कैसेट लाएँगे, तो मैं कल उसे भी देखूँगा," इतना कहकर तथागत गाने लगा, "ओ माई फ्रेंड गणेशा, रहना साथ हमेशा," वह गा-गाकर नाचने लगा। मिसेज शर्मा उसकी बाल सुलभ हरकत देखकर मन्द-मन्द मुस्कराती रहीं, वह थोड़ी देर तक पुलकित होकर तथागत का नाचना देखती रहीं।

"और क्या किया?" मिसेज शर्मा ने पूछा।

"ममा आज नाना-नानी आए थे, ग्वावा (अमरूद) लाए थे, उनके साथ एक बेबी भी था, वो आपकी बहिन है न उनका लड़का," तथागत ने कहा।

"वे तुम्हारी मौसी हैं," मिसेज शर्मा ने टोका।

"हाँ, हाँ, मौसी, वे इतने गैप में आती हैं कि मैं भूल जाता हूँ कि वे मेरी मौसी हैं," तथागत ने सफाई दी।

"नानी क्या कह रही थीं?" मिसेज शर्मा ने पूछा।

"ममा नानी बहुत गन्दी हैं," तथागत ने कहा।

"नहीं बेटा, ऐसे नहीं कहते, वे तुमसे बड़ी हैं, बड़ों को ऐसा नहीं कहते," मिसेज शर्मा ने कहा।

"नानाजी भी तो नानी से बड़े हैं तो फिर क्यों नानी हमेशा नानाजी को डाँटती रहती हैं?" तथागत ने सफाई दी।

"वो बिगड़ती नहीं, वे तो ऐसे ही कहती हैं," मिसेज शर्मा ने उसे समझाते हुए कहा।

"ममा, आप कब वापस आओगी," तथागत ने पूछा।

"बहुत जल्दी," मिसेज शर्मा ने कहा।

"तुम बस हमेशा यही कहती हो, बहुत जल्दी, बहुत जल्दी। डेट नहीं बताती हो, झूठ बोलती हो," तथागत ने ठुनकते हुए कहा।

"कैसे बोल रहे हो ततु, बड़ों से ऐसे नहीं बोलते, सॉरी बोलो, सॉरी," ममा ने किंचित् गुस्से में कहा।

"सॉरी, आई एम सॉरी, रियली सॉरी।"

5

छह महीने, छह साल क्या? छह युग की तरह बीते शर्मा परिवार के लिए। इस बीच बहुत कुछ बदल गया है। मौसम बदल गया, गर्म से सर्द हो गया, मि. शर्मा का ऑफिस बदल गया, उनका स्थानान्तरण दिल्ली से फरीदाबाद हो गया, तथागत का स्कूल बदल गया। वास्तव में, स्कूल तो वही है, मगर बिल्डिंग बदल गई, यह बिल्डिंग पहले वाली की अपेक्षा छह कि.मी. दूर है। घर का नौकर बदल गया। किशुन अपने गाँव विवाह करने गया तो वापस ही नहीं आया। मि. शर्मा का बॉस बदल गया। नया बॉस बहुत सख्त है। सबसे बड़ा बदलाव तो तथागत में आया। अब वह ममा से बात नहीं करता, ममा को एवॉयड करता है। जो तथागत पहले शाम को बहुत बेसब्री से इन्तजार करता था, क्योंकि यह उसका ममा से बात करने का समय होता था, वही अब न सिर्फ ममा से बात नहीं करता बल्कि वह अब उस समय घर से गायब रहने की कोशिश करता है और अगर घर में होता भी है तो ममा के सामने नहीं आता है। अभी कल की

ही बात है मि. शर्मा मिसेज शर्मा से बात कर रहे थे, तथागत पास में ही खड़ा था, मगर वह ममा के सामने नहीं आ रहा था, मिसेज शर्मा ने मि. शर्मा से पूछा, "तत् नहीं दिखाई पड़ रहा है?"

"यहीं मेरे बगल में तो खड़ा है," मि. शर्मा ने कहा।

"तत् मेरे सामने आओ, मुझसे बात करो," मिसेज शर्मा ने कहा मगर तथागत सामने नहीं आया। मिसेज शर्मा ने कई बार तथागत से बात करने के लिए कहा मगर उसने बात नहीं की। मिसेज शर्मा ने चिरौरी करते हुए कहा, "मेरा लाल मुझसे नाराज है, मैं जानती हूँ, मेरी बात सुनो तत्, मुझसे बात करो," मिसेज शर्मा ने बड़े कातर भाव से कहा।

"मैं तुमसे बात नहीं करता, यू आर ए लायर," तथागत ने बड़ी बेरुखी से कहा।

मिसेज शर्मा को लगा किसी ने उनके सीने में भाला घोंप दिया है, उन्हें अपने लड़के की अपने प्रति अवज्ञा से धक्का लगा, उन्होंने गौर किया कि लड़के की न सिर्फ आंगिक भाषा (बाडी लैंग्वेज) गड़बड़ थी, बल्कि वाचिक भाषा भी गड़बड़ थी। वह उनके लिए आपकी जगह तुम सम्बोधन पर उतर आया। मिस्टर शर्मा ने भी इसे गौर किया था और उन्होंने टोका भी, "तथागत तुम अपनी ममा से कैसे बात कर रहे हो।" तथागत ममा के सामने से हट गया।

मि. शर्मा की परेशानी का एक बड़ा सबब उनका दिल्ली से फरीदाबाद स्थानान्तरण हो जाना है। तथागत की पढ़ाई तथा शिफ्टिंग की परेशानी से बचने के लिए उन्होंने दिल्ली से फरीदाबाद अप-डाउन करना ही मुनासिब समझा। इस अप-डाउन करने में उनका बहुत समय नष्ट होता है।

फिर नया नौकर भी इतना समझदार नहीं है जितना किशुन था। किशुन पिछले दस साल से उनके घर था, वह घर की एक-एक चीज से वाकिफ था। परिवार में किसे, कब और क्या जरूरत है, इसका उसे पूरा ज्ञान था। नया नौकर अभी अन्ट्रेंड है, उसे छोटी-छोटी बात बतानी पड़ती है, जरा-सी चूक हो जाए तो सारा काम बिगाड़ देता है। इस नौकर के साथ सबसे बड़ी दिक्कत यह है कि वह मि. शर्मा के घर पर नहीं रहता और उसको अपने घर से मि. शर्मा के घर तक आने में सुबह के आठ बज जाते हैं। किशुन तो घर की दुछत्ती में रहता था और सुबह छह बजे से चकरघिन्नी की तरह घर के काम में लग जाता था। अब आठ बजे तक मि. शर्मा को व्यस्त रहना पड़ता है, सुबह तथागत को जगाकर स्कूल के लिए तैयार करना, उसे दूध गर्म करके देना और फिर उसे स्कूल छोड़कर

आना। इस बीच मि. शर्मा को दम मारने तक की फुरसत नहीं मिलती। आठ बजे जब वे तथागत को स्कूल छोड़कर आते हैं तब एक कप चाय बनाकर इत्मीनान से पीते हैं, दिन-भर में बस इतनी ही देर का उन्हें इत्मीनान मिल पाता है। साढ़े आठ बजे से वे ऑफिस के लिए तैयार होना शुरू करते हैं तब तक नौकर नाश्ता तैयार कर लेता है। पन्द्रह मिनट में जल्दी-जल्दी नाश्ता करके मि. शर्मा सवा नौ बजे घर से ऑफिस के लिए निकल लेते हैं और ठीक दस बजकर दस मिनट के आसपास कार्यालय पहुँच जाते हैं। कार्यालय में पहुँचकर इत्मीनान से दो गिलास पानी पीते हैं, खाना इतनी जल्दी से खाते हैं कि पानी पीने का भी समय नहीं मिलता। जब से नया हेड ऑफ द ऑफिस आया है तब से कार्यालय में नई व्यवस्था लागू हुई है जिसके तहत एक नई मशीन खरीदी गई। इस मशीन में हर कर्मचारी के अँगूठे के प्रिंट हैं और प्रत्येक कर्मचारी को अपनी उपस्थिति मशीन को अँगूठे से दबाकर दर्ज करानी पड़ती है, आने का समय भी मशीन में दर्ज हो जाता है, इसलिए इसमें कुछ भी मैनिपुलेट नहीं किया जा सकता। असल दिक्कत तो मि. शर्मा को इसी व्यवस्था के कारण हुई है, वर्ना पहले कार्यालय में समय की पाबन्दी न होने के कारण बहुत-सी चीजें मैनेज हो जाया करती थीं।

'दिस बगर हैज मेड माई लाइफ हेल' (इस दुष्ट ने मेरे जीवन को नरक बना दिया है), वे मन ही मन बुदबुदाए।

'उसने क्या किया है? वह तो सिर्फ व्यवस्था लागू कर रहा है। वह मुझसे कहने गया था क्या मैं अपनी पत्नी को सात समुन्दर पार भेज दूँ। यह तो हम लोगों का निर्णय है। इसके लिए हम ही जिम्मेदार हैं,' मि. शर्मा के काउंटर माइंड ने कहा।

इस मुद्दे पर उनके परिवार में बड़ी बहस हुई थी, मि. शर्मा को एक-एक शब्द हूबहू याद है। माँ जी (मिसेज शर्मा की माँ) ने तो सुनते ही कहा था, "क्या जरूरत है अकेले इतनी दूर जाने की?"

"माँ कुछ पैसा बच जाएगा," मिसेज शर्मा ने तब कहा था।

"क्या जरूरत है इतने पैसों की?" माँ जी ने प्रश्न किया था।

"खर्चा पूरा नहीं पड़ता, हमेशा दिक्कत बनी रहती है," मिसेज शर्मा ने कहा।

"खर्चा क्यों बढ़ा रखा है, क्या जरूरत है दो-दो गाड़ी रखने की, क्या जरूरत थी होंडा सिटी खरीदने की, वैगनार से काम चल ही रहा था," माँ जी ने प्रतिप्रश्न किया।

"अपना मकान भी तो खरीदना है," मिसेज शर्मा ने कहा।

"क्या वहाँ तुम इतना पैसा बचा लोगी कि उससे दिल्ली में अपना मकान खरीद सको? दिल्ली में मकान खरीदना इतनी आसान बात है क्या?" माँ जी ने पूछा।

"कुछ बचत तो बढ़ेगी, बूँद-बूँद से ही घड़ा भरता है," मिसेज शर्मा ने कहा।

"घड़ा तो तब भरेगा जब घड़े में छेद नहीं होगा। जब घड़े में ही छेद होगा तो पानी रुकेगा कहाँ। जी तोड़ काम करके पैसे कमाओ और फिर उसे फालतू खर्च करो, यही तुम्हारे जीवन का ध्येय है," माँ जी ने कहा।

"माँ आप हमारे मामले में ज्यादा ही इंटरफियर कर रही हैं," मिसेज शर्मा ने झुँझलाकर कहा।

"तुम कैसी कठकरेजी माँ हो कि पैसे के लिए अपने छोटे बच्चे को छोड़कर इतनी दूर जा रही हो," माँ जी ने तुरुप का पत्ता चला था।

मिसेज शर्मा को माँ की बात बुरी लगी। माँ-बेटी दोनों मुँह बनाकर बैठ गईं। मि. शर्मा को लगा उन्हें इस साइलेंस को ब्रेक करना चाहिए। उन्होंने कहा, "माँ जी शालिनी (मिसेज शर्मा) सिर्फ पैसों के लिए ही थोड़ी इतनी दूर जा रही है, यह उसके कैरियर के लिए भी जरूरी है।"

"क्या कैरियर परिवार से बड़ा है, कैरियर के चक्कर में परिवार विच्छिन्न हो जाए?" माँ जी ने कहा।

'फेमिली माई फुट,' मिसेज शर्मा बहुत धीरे-से बुदबुदायी थीं, माँ जी ने उनकी बुदबुदाहट नहीं सुनी पर मि. शर्मा ने सुन लिया था।

'काश, शालिनी यहाँ होती, तो चीजें कितनी आसान हो जातीं। मैंने शालिनी को इंग्लैंड जाने की अनुमति देकर बहुत बड़ी भूल की,' मि. शर्मा ने मन ही मन कहा।

'मैं कौन होता हूँ उसे अनुमति देने वाला, शालिनी कोई मेरी अनुमति की मोहताज है क्या? मैं यदि उसे मना करता तो क्या वह मान जाती? वह तो तब भी जाती। मैंने अनुमति देकर अच्छा किया, कम से कम मेरा मान रह गया,' मि. शर्मा के काउंटर माइंड ने कहा।

'हाँ, मगर उससे मैं इतना तो कह ही सकता था कि वह तथागत को अपने साथ ले जाए,' मि. शर्मा के मन ने कहा।

'वह तथागत को साथ ले जाए यह तो मैं भी नहीं चाहता था। तथागत को साथ ले जाती तो फिर शालिनी को वहाँ मकान लेना पड़ता तो फिर बचत ही क्या होती? अकेले में तो वह हॉस्टल में रह रही है,' काउंटर माइंड ने कहा।

अकेले में अकसर मि. शर्मा के जेहन में इस तरह के विचार आते हैं और जिनका अन्त हमेशा यही होता है कि 'चलो, जो हुआ सो ठीक हुआ।'

तथागत की ममा से जैसे-जैसे दूरी बढ़ती जा रही है, वैसे-वैसे पापा से नजदीकी बढ़ती जा रही है। पापा तथागत से अब मित्रवत् व्यवहार करते हैं। 'पापा बेचारे कितना बदल गए हैं, पहले हमेशा कितना गुस्से में रहते थे, मगर अब कितना कूलली बिहैव करते हैं। कितना लाड़-प्यार करते हैं। मम्मी के एब्रॉड जाने का इतना तो फायदा हुआ कि मुझे पापा का असली चेहरा दिखाई पड़ा, नहीं तो उन्हें मैं हमेशा खराब ही समझता था।' इस तरह के खयाल तथागत के मन में अकसर उठते हैं। एक बार भावावेश में उसने पापा से कहा भी, "पापा-मम्मी के एब्रॉड जाने से और कुछ फायदा हुआ हो या नहीं मगर इतना जरूर हुआ कि मैं आपके बहुत करीब हो गया हूँ।"

"हाँ, बेटा, खराब से खराब स्थिति में भी कोई न कोई अच्छी बात रहती है," मि. शर्मा ने कहा था।

6

सुबह तथागत की नींद देर से खुली। वह घड़ी देखता है। साढ़े छह बज चुके हैं, मगर पापा आसपास दिखाई नहीं पड़ रहे हैं, अब तक तो पापा उसे जगाने आ जाते थे। तथागत ने मन ही मन सोचा। वह आवाज देता है, "पापा, पापा," मगर उसे कोई उत्तर नहीं मिलता, उसने सोचा, 'पापा बाथरूम में होंगे।' वह बाथरूम के पास जाकर आवाज देता है, "पापा, पापा।" वहाँ से भी उसे कोई उत्तर नहीं मिला, वहाँ उसे ऐसा कोई लक्षण नहीं दिखाई पड़ा जिससे यह लगे कि कोई ड्राइंग रूम में है। वह बाथरूम में आता है तो देखता है कि पापा दीवान पर अस्त-व्यस्त उतान पड़े हैं, उनके मुँह से लार टपक रही है और रात में जल्दबाजी में पहनी गई लुंगी भी खुल गई है। पापा गहरी नींद में सो रहे हैं। तथागत ने धीरे-से आवाज लगाई, "पापा, पापा" फिर उसने आवाज थोड़ी तेज की मगर फिर भी कोई गति नहीं हुई, तो तथागत ने मन ही मन सोचा, 'लगता है बहुत थके हुए हैं बेचारे पापा।'

कल रात पापा देर से लौटे, खाना भी बाहर खाया था, पापा कल बहुत क्यूट लग रहे थे, पान खाकर मंद-मंद मुस्करा रहे थे, साथ ही गुनगुना रहे थे, 'फुलगेंदवा न मारो, लगत करेजवा में चोट।' पापा इतना खुश कम ही रहते हैं।

'पापा बहुत थके हैं, मैं स्वयं ही तैयार हो जाऊँ तब पापा को जगाऊँगा, तब तक पापा और सो लें,' तथागत ने सोचा।

तथागत ने फटाफट ब्रश किया, जूते में पॉलिश की, वॉर्डरोब से धुले कपड़े निकाले, फिर दूध गर्म करने के लिए रसोईघर में आया। फ्रिज से दूध निकालकर पैन में उड़ेला दूध गर्म करने के लिए, गैस जलाना चाहा मगर गैस तक उसका हाथ नहीं पहुँच पा रहा था, 'मम्मी ने पता नहीं क्यों गैस का प्लेटफार्म इतना ऊँचा बनवाया है,' वह मन ही मन बुदबुदाया। एक पीढ़े पर चढ़कर गैस जलानी चाही, मगर अभी भी वह गैस तक नहीं पहुँच पा रहा था, चुनाँचे उसने पीढ़े पर छोटा पीढ़ा रखकर उस पर चढ़कर गैस जलाई। वह पैन उठाकर दूध गर्म करने ही जा रहा था कि छोटा पीढ़ा हिला और उसका पैर लड़खड़ा गया, वह पैन लिए-लिए ही गिर पड़ा, सारा दूध उसके शरीर पर गिरा, वह बड़ी तेजी से चीखा, "पापा, पापा।"

उसकी चीख से मि. शर्मा की नींद खुल गई। वह फिर चीखा, "पापा, पापा।" मि. शर्मा चीख की दिशा की ओर गए। उन्होंने देखा रसोई में तथागत औंधा पड़ा था, उसका सारा शरीर दूध से नहाया हुआ था, पैन छिटककर दूर पड़ा था।

"क्या हुआ बेटा?" मि. शर्मा ने तथागत से पूछा और फट से गैस बन्द की। तथागत ने मि. शर्मा को पूरा किस्सा सुनाया।

"बेटा तुम जले तो नहीं?" मि. शर्मा ने बड़े स्नेह से तथागत के सिर पर हाथ रखकर पूछा।

"नहीं पापा," तथागत ने कहा।

"अगर जले हो तो बता दो, कोई आयंटमेंट लगा दूँ?" मि. शर्मा ने फिर पूछा।

"नहीं पापा, नॉट एट ऑल," तथागत ने जवाब दिया।

"श्योर?" मि. शर्मा ने फिर पूछा।

"यस पापा दूध गर्म कहाँ था, गर्म होने के पहले ही दूध गिर गया था," तथागत ने बताया।

"चलो गनीमत रही," मि. शर्मा ने राहत की साँस ली।

शाम को तथागत को ममा से बात करने में झेंप हो रही थी, वह स्क्रीन के सामने नहीं आ रहा था।

"तत् तुम छिप क्यों रहे हो? सामने आओ न। मैं तुमसे बात करना चाहती हूँ।" फिर भी जब तत् सामने नहीं आया तो ममा ने कहा, "डरो मत, मैं तुम्हें डाँटूँगी नहीं।"

तथागत फिर भी सामने नहीं आया।

"बेटा तुमने इतनी बड़ी गलती कैसे कर दी? तुम तो बहुत समझदार हो, तुम्हें पापा को जगा लेना चाहिए था," ममा ने बहुत मुलायमियत से कहा।

"मैंने पापा को जगाने की कोशिश की थी, मगर वे जागे ही नहीं, मुझे स्कूल को देर हो रही थी," तथागत ने कहा।

"वही तो मैं कहूँ कि तत् तो इतना नासमझ नहीं है, वह ऐसा क्यों कर बैठा?" मिसेज शर्मा ने कहा फिर मि. शर्मा की तरफ देखकर कहा, "आपकी नींद कुम्भकर्ण की नींद है क्या? कि बच्चे के जगाने पर भी नहीं खुली?" मिसेज शर्मा ने बहुत धीरे-से कहा फिर थोड़ी देर रुककर कहा, "लगता है कि आपने कल रात ड्रिंक्स ली थी।"

"कल मिस्टर आहूजा की बिदाई पार्टी थी, वहाँ सबने जबरदस्ती पिला दी थी," मि. शर्मा ने सफाई दी।

"हाँ, मुँह में लगा दी थी," मिसेज शर्मा ने बुरा-सा मुँह बनाते हुए कहा। थोड़ी देर तक मिसेज शर्मा चुप रहीं फिर बोलीं, "आप बिना ड्रिंक्स के नहीं रह सकते। हफ्ते-दस दिन में ड्रिंक्स ले लेते हैं। पता नहीं कैसा अपना व्यक्तित्व बना रखा है," मिसेज शर्मा की टोन में नाराजगी बरकरार थी।

मिसेज शर्मा जिस तरह मि. शर्मा के ऊपर नाराज हो रही थीं वह तथागत को बहुत बुरा लग रहा था, वह अपराधबोध से ग्रसित हो रहा था। उसे इस बात का आश्चर्य भी हो रहा था कि 'पापा कैसे ममा की डाँट सुन ले रहे हैं, वर्ना तो हमेशा पापा ही हावी रहते हैं, सामान्यत: ममा उनसे इस तरह बोलने की हिम्मत नहीं करतीं, जरूर उससे कोई बड़ी गलती हो गई है जिस वजह से पापा को बात सुननी पड़ रही है।' मिसेज शर्मा की नाराजगी जब उससे नाकाबिले बरदाश्त हो गई तो उसने लगभग चीखते हुए कहा, "ममा अब बस करो, पापा पर मत बिगड़ो।"

तथागत को गुस्से में देखकर मिसेज शर्मा सहम गईं और उन्होंने बात बदलते हुए कहा, "मैं गुस्सा नहीं हो रही हूँ, मैं तो बस यूँ ही कह रही थी।"

"अब पापा को कुछ मत कहो," तथागत ने कहा।

"अच्छा अब मैं पापा से कुछ नहीं कहती, मैं तुमसे बात करती हूँ," मिसेज शर्मा ने कहा।

"हाँ, ठीक है," तथागत ने स्वीकृति में सिर हिलाया।

"बेटा प्रॉमिस मी कि तुम फिर इस तरह की गलती नहीं करोगे," मिसेज शर्मा ने अपनी टोन को बहुत नर्म रखते हुए कहा।

तथागत चुप रहा।

"बेटा प्रॉमिस करो," मिसेज शर्मा ने फिर कहा।

तथागत फिर भी चुप रहा। मिसेज शर्मा ने 'मौनं स्वीकार लक्षणम्' के सिद्धान्त के आधार पर उसकी चुप्पी को सहमति मान लिया और बात जारी रखी, "अगर तुम्हें कुछ हो गया होता तो मुझे अपना काम अधूरा छोड़कर आना पड़ता," इस वाक्य के बाद ममा ने क्या कहा यह तथागत को याद नहीं। उसके कान में बस यही वाक्य घंटी की तरह बज रहे थे।

तथागत कई दिनों तक जबरदस्त उधेड़बुन में रहा और वह रातों में ठीक से सो नहीं पाया।

7

आज फिर मि. शर्मा की नींद तथागत की चीख से खुली। चीख किचन की ओर से आ रही थी। मि. शर्मा किचन की तरफ भागे। तथागत उस दिन की तरह ही औंधा पड़ा था, दूध उसके शरीर पर गिरा था और वह तेजी से रोता जा रहा था, उसके सारे शरीर में जलन हो रही थी। मि. शर्मा उसे तुरन्त हॉस्पिटल ले गए, हॉस्पिटल के डॉक्टर ने कहा, "मि. शर्मा गनीमत थी कि जाड़े का मौसम होने के कारण लड़का कपड़े बहुत पहने हुए था जिससे बचत हो गई, वर्ना लिक्विड से जला आदमी बचता नहीं।" तथागत को हॉस्पिटल में भर्ती कर लिया गया। दूसरे दिन शाम तक मिसेज शर्मा भी वापस आ गईं।

हॉस्पिटल में तथागत को पूरे दस दिन लग गए। तथागत के घर आ जाने पर शर्मा परिवार के दिन चैन से कटने लगे। एक दिन तथागत ने मिसेज शर्मा से कहा, "ममा एक बात बताऊँ।"

"बताओ बेटे," मिसेज शर्मा ने कहा।

"नाराज तो नहीं होगी?" तथागत ने पूछा।

"पहले बात बताओ, नाराज होने वाली बात होगी तो नाराज होऊँगी," मिसेज शर्मा ने कहा।

"तब नहीं बताऊँगा," तथागत ने कहा।

"बता दो, नहीं नाराज होऊँगी," मिसेज शर्मा ने आश्वस्त किया।

"प्रॉमिस?" तथागत।

"प्रॉमिस।" मिसेज शर्मा।

"ममा उस दिन गरम दूध मैंने जानबूझकर अपने ऊपर गिरा लिया था," तथागत ने रुक-रुककर बताया।

"क्यों?" मिसेज शर्मा ने तेवर बदलते हुए पूछा।

"आपने कहा था न कि यदि तुम्हें कुछ हो जाता तो मुझको काम अधूरा छोड़कर वापस आना पड़ता। मेरा आपके बिना बिलकुल मन नहीं लगता," तथागत ने कहा।

"अरे मेरे लाल, तू मुझसे इतना..." मिसेज शर्मा ने रुँधे गले से कुछ कहना चाहा मगर कह नहीं पाईं और तथागत को उसी तरह गले से लगा लिया जैसे द्वापर युग में यशोदा मइया ने बालक कृष्ण को गले से लगाया था, बस फर्क इतना था कि यशोदा मइया हँस रही थीं मिसेज शर्मा रोये जा रही थीं।

ब्लैक होल

ईश्वर ब्रह्मांड के साथ पासा नहीं खेलता।—आइंस्टीन।

ईश्वर ब्रह्मांड के साथ न सिर्फ पासा खेलता है बल्कि कभी-कभी इसे ऐसी जगह ले जाकर फेंकता है, जहाँ यह अदृश्य हो जाता है। यह अदृश्य ब्रह्मांड ही ब्लैक होल कहलाता है। —स्टीफेन हाकिन्स

हम कर्क रेखा के बेहद करीब थे। जबरदस्त गर्मी थी, सड़क का कोलतार पिघल कर गाड़ी के टायर में चिपचिपा रहा था। फसल कट चुकी थी, खेत खाली पड़े थे, खाली खेतों के किनारे गंजे पेड़ खड़े थे और ऐसा लग रहा था कि आसमान से आग बरस रही हो। गाड़ी का ए. सी. फुल था पर देह से पसीना चुहचुहा रहा था। हम लोग थकान और गर्मी से निचुड़ गए थे फिर भी प्रसन्न थे क्योंकि मुख्यमंत्री की बैठक ठीक-ठाक निपट गई थी और कोई भी दंडित नहीं हुआ था। यह उन दिनों की बात है जब प्रदेश में मुख्यमंत्री की समीक्षा बैठकों का आतंक रहा करता था। यह घोषित हुआ नहीं कि मुख्यमंत्री अमुक तारीख को अमुक जगह अमुक मंडलों की बैठक लेंगे, उस मंडल के सभी विभागों के अधिकारियों में भय का संचार हो जाता था, क्योंकि मंडलीय बैठक होगी तो कुछ कार्यवाही भी होगी ही और कार्यवाही होगी तो कोई न कोई उसका शिकार भी होगा। अब भाई राजा तो राजा, क्या भरोसा? कब किससे किस बात पर नाराज हो जाए और निलम्बित कर दे? अब पिछली बार मुरादाबाद में हुई समीक्षा बैठक में मुख्यमंत्री ने उस कमिश्नर के निलम्बन की घोषणा की थी जिसे सिर्फ दो दिन बाद ही सेवानिवृत्त होना था।

मुख्यमंत्री को इस तरह की कार्यवाही के दो फायदे होते थे, पहला, जनता को यह दिखाया जाता था कि सरकार कार्य कर रही है, दूसरा, अधिकारियों में दबदबा या हनक बनी रहती थी। अब काम हो या न हो, मगर यह हनक बहुत जरूरी है। ऐसी ही एक बैठक से हम वापस आ रहे थे और बैठक ठीक-ठाक निपट गई थी और कोई कैजुअल्टी नहीं हुई थी, इसलिए हम प्रसन्न थे। मीटिंग ठीक-ठाक निपट जाने के पीछे रहस्य यह था कि मंडलों में आयुक्तों ने बैठक से पहले मंडल के महत्त्वपूर्ण अधिकारियों से चन्दा करके मुख्यमंत्री के यहाँ पत्रं पुष्पम् पहुँचा दिया था। कई मंडलों की बैठक इलाहाबाद में हुई थी, इसलिए हम वापस इलाहाबाद से बाँदा आ रहे थे।

चलते-चलते हमें कई घंटे हो गए थे, पास का पानी खत्म हो गया था। हम प्यास से बेहाल थे। होंठों को बार-बार जीभ से तरल करते जा रहे थे। आसपास ऐसी दुकान नहीं दिखाई पड़ रही थी जहाँ से बोतल-बन्द पानी प्राप्त किया जा सके। पानी के जुगाड़ में हम गाँवों की तरफ इधर-उधर देख रहे थे कि साथ बैठे शशिकान्त ने एकाएक आवेग में कहा, "वो देखिए सर, राघवानन्द जी।"

"कौन, कहाँ? राघवानन्द जी?" मैंने अचकचाकर कहा।

"सर उधर देखिए," शशिकान्त ने हाथ से इशारा किया। मैं तुरन्त ही समझ गया कि शशिकान्त हमारे हॉस्टल के सीनियर राघवानन्द जी की बात कर रहा है। मैं और शशिकान्त एक ही हॉस्टल में रहे हैं।

मैंने पीछे घूमकर देखा। एक गाँव को जाने वाली पगडंडी की पुलिया की दीवार पर राघवानन्द जी बैठे दिखाई दिए। मैंने गाड़ी बैक करवाई। राघवानन्द जी सफेद पाजामे पर सफेद अद्धी पहने थे, बाल किंचित् बिखरे हुए थे। काया पहले से और हरहर (क्षीण) हो चुकी थी, चश्मे में कई स्केचेस थे, पैर में स्लीपर थी, रंग गौर वर्ण से गंदुमी हो चुका था। पास पहुँचकर मैंने उन्हें प्रणाम किया।

"खुश रहो," कैसे हो सव्यसाची मिश्रा?" राघवानन्द जी ने पूछा।

"ठीक हूँ, ठीक हूँ," मैंने कहा।

"कहाँ पोस्टेड हो?"

"बाँदा में।"

"फिर मुझसे मिलने क्यों नहीं आते, बाँदा तो यहाँ से बहुत पास है।"

"सर, अब आऊँगा," कहकर मैंने अपनी झेंप मिटाई।

"और तुम कैसे हो सक्सेना?" राघवानन्द जी ने शशिकान्त की तरफ देखकर पूछा।

"फाइन सर, ऐब्सोल्यूटली फाइन," शशिकांत ने गर्दन को थोड़ा झुकाकर कहा।

हम अवाक् थे कि राघवानन्द जी को न सिर्फ हमारी याद थी बल्कि हमारे नाम, यहाँ तक कि सरनेम, इनिशियल नेम के साथ याद थे जबकि शशिकान्त तो उनसे बहुत जूनियर था। शशिकान्त जब हॉस्टल आया था उसके थोड़े दिनों बाद ही राघवानन्द जी ने हॉस्टल छोड़ दिया था। हमारे अवाक् रहने की मुख्य वजह यह थी कि अब तक की हमारी जानकारी में यह था कि इधर काफी दिनों से राघवानन्द जी का दिमाग गड़बड़ा गया है और वो किसी को पहचानते नहीं हैं, पागलों की तरह हरकतें करते हैं और अनाप-शनाप बातें करते हैं। उनकी बातों में कोई तारतम्य नहीं रहता, आदि-आदि।

अभी हम राघवानन्द जी से बातें कर ही रहे थे कि दो मुस्टंडे आकर हमारे सामने खड़े हो गए और हमारी बातें सुनने लगे। उन्हें पास आता देखकर राघवानन्द जी एकदम से चुप हो गए। उन मुस्टंडों ने हमारी तरफ देखकर पूछा, "क्या बात है, क्या चाहते हो इनसे?"

"कुछ नहीं, ये हमारे पुराने मित्र हैं," हम दोनों एक साथ पढ़े हुए हैं।

"आप इनसे ज्यादा बात नहीं कर सकते," एक मुस्टंडे ने कहा।

"क्यों?" शशिकान्त ने पूछा।

"ज्यादा काँव-काँव मत करिए," दूसरे मुस्टंडे ने कहा।

मुस्टंडों के हाव-भाव से हमें लग गया कि हमें इनके मुँह ज्यादा नहीं लगना चाहिए। राघवानन्द जी ने भी इशारे से हमें यही सलाह दी।

"बेचारे राघवानन्द जी," शशिकान्त ने कहा।

हम लोगों के बीच काफी देर तक सन्नाटा रहा, एकदम चुप। मैंने लगभग फुसफुसाते हुए कहा, "हममें सबसे प्रतिभाशाली राघवानन्द जी थे...पढ़ने में भी और एक्स्ट्रा कैरिकुलर एक्टिविटीज में भी। उनमें जबरदस्त नेतृत्व क्षमता भी थी। वे विश्वविद्यालय में सबसे योग्य एवं सफलतम प्रकाशन मंत्रियों में थे, हमारे हॉस्टल के सबसे योग्यतम सांस्कृतिक मंत्री थे। उनके समय में विश्वविद्यालय में जैसी सांस्कृतिक गतिविधियाँ हुईं वो अपने में एक रिकॉर्ड है," इतना कहकर मैं चुप हो गया।

थोड़ी देर तक मौन पसरा रहा, फिर शशिकान्त ने कहा, "सर, कितनी बड़ी त्रासदी है कि जिस व्यक्ति को देश और समाज को नेतृत्व प्रदान करना चाहिए, वह यहाँ गुमनामी में विचरण कर रहा है।"

"शशिकान्त, तुमको राघवानन्द जी में किंचित् मात्र भी पागलपन के लक्षण नजर आ रहे हैं?" मैंने पूछा।

"नहीं सर, नॉट एट ऑल, जरा भी नहीं। वे कभी पागल थे भी नहीं, ये तो उनके भाइयों की साजिश थी। उन्होंने ही राघवानन्द जी को पागल घोषित कर रखा है," शशिकान्त ने बताया।

"ऐसा क्यों किया उनके भाइयों ने," मैंने पूछा।

"दरअसल राघवानन्द जी, विनोबा भावे के प्रभाव में आकर सर्वोदयी हो गए, वे कुछ दिन पवनार आश्रम में जाकर रहे भी थे। उनकी योजना थी कि वे सब कुछ छोड़कर वहीं जाकर रहेंगे और देश-दुनिया में घूम-घूमकर गांधी जी के सिद्धान्तों का प्रचार करेंगे," शशिकान्त ने बताया।

"जहाँ तक मेरी जानकारी है, राघवानन्द जी तो विनोबा भावे के कटु आलोचक थे," मैंने प्रतिवाद किया।

"आप सही कह रहे हैं सर। यह बाद की बात है। पवनार आश्रम में एक से बढ़कर एक ढोंगियों से उनका पाला पड़ा, वे विनोबा जी को लेकर थोड़ा सशंकित हो गए थे, परन्तु पूरी तरह उनका मोह भंग नहीं हुआ था, जब विनोबा जी ने आपातकाल को अनुशासन पर्व कहा तबसे वे उनके कटु आलोचक हो गए थे और उन्होंने विनोबा जी पर कई जबरदस्त आलोचनात्मक लेख विभिन्न पत्र-पत्रिकाओं में लिखे थे।"

"अच्छा ऐसा है? इट इज ए न्यूज फॉर मी। मुझे इस बदलाव के बारे में जानकारी नहीं थी," मैंने कहा।

"विनोबा जी के प्रभाव में ही उन्होंने अपने हिस्से की जमीन गरीबों को दान कर दी थी इसलिए उनके घरवालों ने उन्हें पागल घोषित कर दिया और अपनी जमीन दान होने से बचा ली थी," शशिकान्त ने बताया।

"हाउ इट इज पॉसिबिल, कि कोई किसी को यूँ ही पागल घोषित कर दे," मैंने कहा।

"इट इज वेरी मच पॉसिबिल, उन्होंने डॉक्टरों से फर्जी सर्टिफिकेट भी प्राप्त कर लिया है और सर यह तो सिर्फ पागल घोषित किए जाने की बात है, इस

व्यवस्था में तो अच्छा-खासा जिन्दा आदमी मृत घोषित किया जा सकता है। अपने प्रदेश (उत्तर प्रदेश) में तो ऐसा मृतक संघ भी है," शशिकान्त ने बताया।

"ये कैसा संघ है?" मैंने पूछा।

"यह ऐसे लोगों का संघ है जिनके परिजनों ने सम्पत्ति हड़पने के लिए उन्हें मृत घोषित कर रखा है," शशिकान्त ने कहा।

"बड़े धूर्त हैं, उनके घरवाले," मैंने कहा।

"धूर्त ही नहीं, क्रूर भी हैं, राघवानन्द जी जब उनका विरोध करते थे तो उनको बड़ी बेरहमी से पीटा जाता था, ताकि वे मन से टूट जाएँ। शरीर को तोड़कर मन को तोड़ना इसी को कहते हैं, जला है जिस्म जहाँ दिल भी जल गया होगा," शशिकान्त ने गालिबाने अन्दाज में कहा। फिर थोड़ा रुककर कहा, "अब उनके भाई मारते तो नहीं हैं, मगर आज भी उन्हें गाँव की चौहद्दी से बाहर नहीं जाने दिया जाता।"

"ऐसा क्यों करते हैं उनके घरवाले?" मैंने एक जिज्ञासु बालक की तरह प्रश्न किया।

"पुलिस में शिकायत करके जब राघवानन्द जी थक गए तो अपने घरवालों की ज्यादती को एक्सपोज करने के लिए एक प्रेस कॉन्फ्रेंस की थी, जिससे उनके भाइयों की बहुत थू-थू हुई थी, शशिकान्त ने बताया। इसीलिए अब भी पहरेदार रखकर उनकी गतिविधियों पर नजर रखी जाती है, किसी से ठीक से बात भी नहीं करने दी जाती," शशिकान्त ने थोड़ा रुककर बताया।

"हूँ,"—मैंने उत्तर में सिर्फ इतना ही कहा, मगर दिमाग में खलबली मची हुई थी, इस खलबली से बचने का सबसे अच्छा तरीका ये था कि मैं शशिकान्त से बातें करूँ, मगर इस समय बात करना मुझे नागवार गुजर रहा था, इसलिए मैंने आँखें बन्द कर लीं और सोने का बहाना करने लगा। मेरे सामने अतीत भूत की तरह मँडराने लगा।

2

उस समय मैंने विश्वविद्यालय में नया-नया प्रवेश लिया था। राघवानन्द जी लीव वैकेंसी में लेक्चरर हो चुके थे। एक दिन मैं अपने एक साथी के साथ चैथम लाइन की तरफ जा रहा था। विश्वविद्यालय के सामने की सड़क पर राघवानन्द जी अपनी

साइकिल पर बैठे हुए अपने एक मित्र से बातें कर रहे थे। साइकिल कुछ इस तरह खड़ी थी कि उसे सड़क के बीचोबीच कहा जा सकता था। रास्ता चूँकि बहुत व्यस्त नहीं था, इसलिए आने-जाने वालों के लिए कोई दिक्कत नहीं हो रही थी। इतने में एक नीली बत्ती लगी, हूटर बजाती हुई गाड़ी उनके सामने आकर रुकी।

सड़क क्यों घेर रखी है, तेरे बाप की सड़क है क्या? कड़क आवाज आई, यह एस.एस.पी. की आवाज थी। उस समय शहर में एक कुख्यात सरदार एस.एस.पी. था जिसके कड़कपन के किस्से आगे चलकर कश्मीर तक फैले।

"मान्यवर, मैं मानता हूँ कि मैंने गलती की है, मगर आप कैसे बोल रहे हैं, आप एक जिम्मेदार पद पर हैं, आपको ऐसे नहीं बोलना चाहिए," राघवानन्द जी ने कहा।

इतना सुनना था कि ऑफिसर के तन-बदन में आग लग गई, गुस्से के कारण उसकी मूँछ फड़फड़ाने लगी। एक तो पुलिस ऑफिसर उस पर से ऐसा कड़क।

"हमें सिखाता है कि क्या करना चाहिए और क्या नहीं, बड़ी जबान चला रहा है। एक तो सड़क रोककर खड़ा है, ऊपर से बहस कर रहा है। क्या करता है?" सरदार ने गुस्से में पूछा।

"शिक्षक हूँ," राघवानन्द जी ने कहा।

"शिक्षक है! देखने में तो सर्वोदयी लगता है," अफसर ने कहा। "राघवानन्द जी उस समय सफेद कुर्ता-पाजामा और स्लीपर पहने थे।"

"आप शक्ति पाकर मदान्ध हो गए हैं। आपकी चेतना दूषित हो चुकी है वरना भले आदमी से कोई ऐसे बोलता है...," राघवानन्द जी ने कहा।

अभी उन्होंने अपनी बात पूरी भी नहीं की थी कि गाड़ी से पुलिस के जवान नीचे उतरे। उन्होंने खींचकर राघवानन्द को गाड़ी में बैठा लिया।

राघवानन्द जी को पुलिस पकड़कर ले गई है, यह खबर हॉस्टल में जंगल की आग की तरह फैल गई। हॉस्टल में लड़के विरोध के लिए इकट्ठे होने लगे। अभी लड़के इकट्ठे हो ही रहे थे कि लोगों ने देखा कि राघवानन्द जी सामने से चले आ रहे हैं। सभी आश्चर्यचकित थे कि इतने कड़क ऑफिसर ने उन्हें इतनी जल्दी कैसे छोड़ दिया। मैं उस दिन नहीं था। मैं अपने गाँव गया था। लौटने पर लोगों ने पूरा किस्सा मुझे सुनाया था।

"सर, मगर यह रहस्य अभी तक बना हुआ है कि ऑफिसर ने उन्हें इतनी जल्दी कैसे छोड़ दिया। उन लोगों का मानना था कि राघवानन्द जी

एस. एस. पी. के सामने गिड़गिड़ाए होंगे, माफी माँगे होंगे तो एस. एस. पी. ने उनको छोड़ दिया होगा," शशिकान्त एक ही साँस में कह गया।

"यह असम्भव है। राघवानन्द जी माफी नहीं माँग सकते, गिड़गिड़ाने की बात तो सपने में भी नहीं सोची जा सकती," मैंने कहा।

"तो फिर इतनी जल्दी कैसे छूट गए?" शशिकान्त ने पूछा।

"दरअसल राघवानन्द जी का परिवार राजनीतिक पहुँच वाला परिवार था, उनके लिंक्स प्रधानमंत्री तक थे," मैंने बताया।

"सर, राघवानन्द जी को इस नरक से मुक्त कराने के लिए कुछ किया जाना चाहिए," शशिकान्त ने कहा।

"इसमें क्या किया जा सकता है, यह उनका घरेलू मामला है," मैंने अपनी जान छुड़ाने की गरज से कहा।

"मगर सर, घरेलू हिंसा भी संज्ञेय अपराध है, पुलिस में इसकी शिकायत दर्ज कराई जा सकती है," शशिकान्त ने कहा।

"मगर पुलिस में तो खुद राघवानन्द जी ने शिकायत दर्ज करवाई थी, ऐसा तुम खुद ही कह रहे थे," मैंने शशिकान्त को उसकी कही बात याद दिलाई।

"हाँ सर, यह बात तो आप ठीक कह रहे हैं, पुलिस को तो वो लोग मैनेज कर लेंगे," शशिकान्त ने कहा।

थोड़ी देर हमारे बीच चुप्पी छाई रही। फिर शशिकान्त ने कहा, "सर, हम इस मामले में योगेश (हम लोगों के मित्र एवं स्थानीय अखबार के उप-सम्पादक) की मदद ले सकते हैं। हम इस खबर को अखबार में छपवा सकते हैं।"

"हाँ, मगर वो हमसे ज्यादा प्रभावशाली हैं, अखबार के मालिक पर दबाव डलवाकर उसे दबवा सकते हैं," मैंने कहा।

"मगर प्रयास करने में क्या नुकसान है, फिर एक बार इस तरह की खबर छपने के बाद उसे दबा पाना मुश्किल होता है। अखबारों में एक्सपोजर वॉर चल जाता है," शशिकान्त ने कहा।

मुझे लगा शशिकान्त ने मुझे घेर लिया है। मैं अब भाग नहीं सकता। अतः मैंने जान बचाने के लिए कह दिया, "योगेश से बात करूँगा, देखता हूँ इस सम्बन्ध में वह कितनी मदद कर सकता है।"

अगले दिन सुबह मैं इत्मीनान से अखबार पढ़ रहा था कि शशिकान्त का फोन आया, "सर, योगेश से कुछ बात हुई?"

"कैसी बात?" मैंने अनजान बनने का नाटक किया।

"राघवानन्द जी के बारे में," शशिकान्त ने कहा।

"अभी कहाँ बात हो पाई, अभी तो सुबह हुई है," मैंने कहा।

"मैंने सोचा सर, आपने रात में बात कर ली होगी," शशिकान्त ने कहा।

"रात में तो देर हो गई थी घर पहुँचने में," मैंने कहा।

"सर बात कर लीजिए," शशिकान्त ने अनुनय के लहजे में कहा।

"करूँगा, मैं जल्द ही बात करूँगा," मैंने कहा।

राघवानन्द जी के मामले में शशिकान्त का दो-तीन बार फोन आया। मैंने बहाना किया कि कुछ घरेलू उलझनों के कारण मैं भूल गया था। हर दूसरे-तीसरे दिन शशिकान्त का रिमाइंडर आ जाता। मुझे खीज होती। कई बार तो मन हुआ कि सीनियर होने का फायदा उठाकर उसे स्नब कर दूँ कि तुम सरकारी कामधाम छोड़कर राघवानन्द जी के मामले में पड़े हो, मगर हमारे सम्बन्ध इतने स्नेहिल हैं कि मैं ऐसा कभी कर ही नहीं सकता। मैं उसे समझाना चाहता था पर समझा नहीं पा रहा था कि नेता से पंगा लेना ठीक नहीं होता, वह चाहे कितना भी छोटा या महत्त्वहीन हो। राजनीति पासे का खेल है, पासा कब आपके पक्ष में गिर जाए और आपको मालामाल कर दे और कब आपके खिलाफ पड़ जाए और आपको बर्बाद कर दे। जनता न जाने कब और किस बात पर आपसे खुश हो जाए और आपको फर्श से अर्श पर पहुँचा दे और न जाने कब और किस बात से नाराज हो जाए और आपको अर्श से फर्श पर ला पटके।

अगले दिन फिर शशिकान्त का जब फोन आया तो मैंने उससे थोड़ा झूठ बोला। मैंने कहा, हाँ, मैंने योगेश से बात की थी, योगेश ने कहा है कि वह चुनाव समाप्त हो जाने के बाद इसे टेकअप करेगा। चुनाव को अभी एक महीना था और मैं निश्चित था कि अब एक महीने तक शशिकान्त का उस मुताल्लिक फोन नहीं आएगा और ऐसा ही हुआ, चुनाव तक उसने इस बारे में कोई बात नहीं की।

चुनाव के रिजल्ट का मुझे बहुत बेताबी से इन्तजार रहता है और मैं सभी कामों को छोड़कर टीवी के आगे बैठ जाता हूँ और जब तक एक-एक रिजल्ट नहीं निकल जाता मैं वहाँ से हटता नहीं। सरकार बनने और बिगड़ने का खेल थ्रिल पैदा करता है और कहीं सत्ताधारी पार्टी हार रही हो तो सोने पर सुहागा। यह सन्देश जाता है कि यह प्रजातंत्र है, आपका खेल पाँच साल तक चला, आप खेल चुके, अब दूसरे को खेलने दीजिए। मैं अभी कमेंट्री सुन ही रहा था। अभी

यह स्पष्ट नहीं हो रहा था कि किसकी सरकार बनेगी कि शशिकान्त का फोन आया, वही पुराना तगादा। मैंने जवाब दिया, "अभी तो योगेश चुनाव रिजल्ट में व्यस्त होगा, खाली होने दो, बात करूँगा।"

चुनाव के रिजल्ट आ गए, सरकार बन गई, मंत्रिमंडल बन भी गया। राघवानन्द जी का एक भाई नई सरकार में राज्यमंत्री भी बन गया, वह भी हमारे विभाग का। सरकार बने एक सप्ताह से ज्यादा हो गया है, इन दिनों शशिकान्त ने कई बार मुझे फोन किया, लम्बी-लम्बी बातें की, मगर एक बार भी राघवानन्द जी के बारे में बात नहीं की। क्यूँ?

राघवानन्द जी का कोई समाचार नहीं मिला निश्चित ही राघवानन्द जी का स्वर्गवास हो चुका होगा। मगर अब भी अकसर मध्य रात्रि में जब मेरी नींद टूट जाती है एक दुबली-पतली काया अपनी रहस्यमयी मुस्कान के साथ मेरे सामने खड़ी हो जाती है और एक झटके में ही हट भी जाती है। यह रहस्यमयी मुस्कान सारी रात मेरा पीछा करती है। अपराधबोध के कारण मैं सो नहीं पाता हूँ।

जैसे-जैसे समय बीतता जा रहा है, मेरा यह दुःख बढ़ता ही जा रहा है। क्या मेरे इस दुःख की कोई दवा है?

जबरा की मार

सुबह सोकर उठते ही चीफ साहब ने अपना मोबाइल चेक किया। गन्ने के खेत के बीचोबीच एक अधजली लाश का वीडियो वायरल हुआ था, जिसे उनके विश्वस्त चपरासी रामनयन ने भेजा था। शक्ल देखकर ही चीफ साहब दुःख और क्रोध से भर गए। दुःख इसलिए कि यह शव उनके लँगोटिया यार विनायक का था, और क्रोध इसलिए कि उन्हें मरने के लिए मजबूर किया गया। यद्यपि वे विदेश में हैं, मगर उनके विश्वासपात्र रामनयन ने इधर जो भी घटित हुआ उसकी एक-एक फोटो भेजी।

2

गरीबी, तंगहाली, कर्ज और आत्महत्याओं के लिए चर्चित 'पडुई' गाँव के बाशिंदों ने सपने में भी नहीं सोचा था कि उनके गाँव में 'ह्वाइट हाउस' बनेगा, सूबे का सबसे बड़ा अफसर उनके गाँव में रात बिताएगा। रोजाना अन्धकूप में जीने के आदी हो चुके पडुई गाँव वाले आज चारों तरफ बिजली की रोशनी से हक्का-बक्का थे। खुशी और हैरत ने उनकी आँखों की नींद उड़ा दी। पडुई गाँव में दाखिल होते ही बाईं तरफ जूनियर और प्राइमरी स्कूल भवन है। इसका लम्बा-चौड़ा खुला परिसर है। इसी में मुख्य सचिव के रात्रि विश्राम और चौपाल का इंतजाम किया गया है। उनके रात में सोने के लिए 16 फीट चौड़ी और 24 फीट लम्बी 'स्विस काटेज' बनाई गई है। इसे लखनऊ से आए कारीगरों ने तैयार किया है। पूरा काटेज लकालक सफेद बनाया गया है। नीचे जमीन पर कारपेट बिछाकर इस पर सफेद चादर बिछाई गई है। सामने ही दो सीटों का

महाराज सोफा था। इसमें भी सफेद चादर डाली गई। बाएँ हाथ के कोने पर उसी सफेद मेज पर सफेद मेजपोश और उसके ऊपर एल.ई.डी. (टी.वी.) रखी थी। दाहिनी तरफ नए तख्त पर गद्‌दे और सफेद बेडशीट बिछाकर मुख्य सचिव के लिए आरामदेह बिस्तर तैयार किया गया है।

गाँव के लोग इसे नुमाइश की तरह देख रहे हैं। बिनाका (विनायक) ने कमेंट किया, "मान गए चीफ साहब तुम्हारी नौकरशाही को। यह कुम्भीपाक नरक को भी सातवाँ स्वर्ग बना सकती है। बस वह चाह ले।"

"बस यह चाह लें, यही तो सौ आने का प्रश्न है?" किसी ने कहा।

"ये हाकिम लोग सफेद रंग से क्यों बहुत प्यार करते हैं?" किसी ने तंज कसा।

"शायद उन्हें लगता हो सफेद रंग की आड़ में इनका काला धन एवं काली करतूत छिप जाएगी," दूसरे ने कमेंट किया।

जब से सरकार ने यह निर्णय लिया है कि सचिव और उनके ऊपर के नौकरशाह एक रात किसी अति पिछड़े गाँव में व्यतीत करेंगे तब से न सिर्फ नौकरशाहों की आफत आ गई है बल्कि उनके मातहतों की भी जान साँसत में हो गई। इन अति पिछड़ी जगहों पर हाकिमों के लिए माकूल व्यवस्था करना आसान कार्य नहीं होता—फाइव स्टार नहीं तो टू-स्टार सुविधा तो मुहैया करानी ही पड़ती है। उस अति पिछड़े इलाके में यह कैसे किया जाता है इसी में तो हमारी नौकरशाही की कार्यक्षमता का रहस्य छिपा है। चीफ साहब (चीफ सेक्रेटरी) कई महीने से रात्रि भ्रमण का कार्यक्रम बनाने की योजना बना रहे थे पर हर बार कोई न कोई बाधा उत्पन्न हो जाती थी और कार्यक्रम को स्थगित करना पड़ता। मगर उस एक दिन जब मुख्यमंत्री ने स्वयं पूछा, "मि. सक्सेना, रात्रि भ्रमण में आप किस गाँव गए थे?" तब उन्हें यह कहने में कि "अभी मैं कार्यक्रम नहीं बना पाया", कितनी झेंप हुई थी, इसका उन्हीं को अहसास है और फिर उन्होंने अर्जेंट में रात्रि भ्रमण का कार्यक्रम बनाया। चीफ साहब दूसरे हाकिमों से थोड़ा हटकर हैं। इनके हर कार्यक्रम में मनुष्यता का तकाजा रहता है या यूँ कहें कि इनसानियत की छौंक रहती है। इनके इस कार्यक्रम में भी ये साफ झलक रहा है। चीफ साहब चाहते तो और नौकरशाहों की तरह जैसे-तैसे गाँव में रात बिताकर चले जाते किसी को पता चलता किसी को नहीं, ज्यादा से ज्यादा शहर के मानिन्द पत्रकारों को बुला लेते, बस हो जाता काम।

चूँकि चीफ साहब का रात्रि भ्रमण का कार्यक्रम ऐसे समय पड़ रहा था जब पूरा प्रदेश अकाल के दौर से गुजर रहा था, इसलिए चीफ साहब ने रात्रि भ्रमण

के साथ अकाल के सर्वे का भी कार्यक्रम जोड़ लिया था। यूँ तो पूरा प्रदेश ही अकाल के चपेटे में था मगर इस जिले का तो और भी बुरा हाल था। वैसे भी यह जिला अकाल के लिए जाना जाता। इस प्रकार चीफ साहब का कार्यक्रम कुछ इस प्रकार बना, जिले की सीमा में प्रवेश करते ही अकाल का सर्वे, फिर शाम को कमिश्नरी में किसानों की समस्या पर गोष्ठी की अध्यक्षता करना, रात्रि में किसानों की चौपाल लगाना, अगले दिन किसानों को सहायता राशि के चेक वितरित करना। अकाल के सर्वे के दृष्टिगत चीफ साहब गोष्ठी के नियत समय से काफी पहले ही जिले की चौहद्दी पर आ गए। चीफ साहब अपनी कार से उतरकर पैदल चलने लगे। सर के ऊपर प्रचंड मार्तंड और शरीर पर लगते लू के थपेड़े एकबारगी चीफ साहब थोड़ा असहज हुए, मगर उन्होंने 'जब-जब चले हैं धूप में पाँव सीना तन गया है', मन ही मन बुदबुदाया और सहजता के साथ चलने लगे। धूप के कारण उनका गौरवर्णीय चेहरा तपते सूरज-सा लाल हो गया, मगर वे चुपचाप चलते रहे बीच-बीच में 'हारिबिल-हारिबिल' (भयानक, भयानक) बुदबुदाते रहे।

दूर-दूर तक उजाड़ खेत जैसे कोई रेगिस्तान हो, जगह-जगह ऐसी दरारें पड़ी थीं जैसे पैरों की फटी बिवाई। देखने से ही लग रहा था कि इस साल खेती बिलकुल भी नहीं हो पाई। ठठ के ठठ खेत बिना बोये सूखे पड़े हैं। जिस किसी खेत में बुवाई हुई भी तो कटाई बाद पड़े डंठलों को देखकर साफ लगता था कि कितनी मरियल फसल रही होगी। खेतिहर परिवार से होने के कारण चीफ साहब जानते थे कि जहाँ फसल हुई रहती है, वे खेत कटाई के बाद भी मनसायन से लगते हैं, मगर ये खेत उदास लग रहे थे जैसे मरा हुआ बच्चा पैदा हुआ हो। सामने के खेत की तरफ उँगली का इशारा करते हुए चीफ साहब ने पूछा कि इस खेत में कितना अनाज हुआ होगा?

"अनाज की तो छोड़िए मान्यवर यहाँ तो भूसा भी नहीं हुआ होगा," साथ में चलने वाले एक स्थानीय व्यक्ति ने कहा।

चीफ साहब को बहुत झेंप हुई, 'किसान की औलाद होकर भी ऐसा सिली सा सवाल कर रहा हूँ मैं,' वे फिर बुदबुदाए।

मुख्य गाँव के मार्गों तक दोनों तरफ जहाँ भी नजर पड़ती बंजर खेत, सूखे तालाब, बूँद तो छोड़ो जमीन में नमी तक नहीं थी, तालाब में मिट्टी की पपड़ी जमी थी। कुएँ सूखे, हैंड-पम्प खराब।

"यहाँ पानी कितने नीचे होगा?" चीफ साहब के साथ चल रहे किसी व्यक्ति ने पूछा।

"कम से कम 25 फीट," किसी दूसरे नागरिक ने कहा।

"ओह माइ गाड," चीफ साहब के मुँह से यकायक निकला।

"बहुत कम आबादी है यहाँ गाँवों की," चीफ साहब के मुँह से यह निकलना था कि साथ चल रहे एक नागरिक ने कहा, "हजूर, कौन रहना चाहेगा यहाँ, न दाना न पानी," जो लोग यहाँ बच गए हैं वे इसलिए नहीं कि वे लोग यहाँ रहना चाहते हैं, बल्कि इसलिए कि उनके पास कोई विकल्प नहीं है।"

गाँव के गाँव खाली हो गए हैं, चारों ओर मनुष्य की जगह सियार, लोमड़ी और बिलार ही दिखाई पड़ते हैं। जो मनुष्य बचे हैं उनका ढाँचा ही ढाँचा शेष रह गया है। उनके हाड़ ही हाड़ है, मांस का लेशमात्र नहीं है। चीफ साहब ज्यों-ज्यों अकाल के दृश्य देखते जा रहे थे उदास होते जा रहे, उदासी उनके मौन को भी बढ़ाती जा रही थी और एक समय ऐसा लगा कि उनकी आँखों से आँसू टपकने वाले हैं, उन्होंने पीछे की ओर देखने का नाटक किया और रूमाल से चश्मे के लेंस साफ करने लगे, हालाँकि चश्मा साफ करने की कोई आवश्यकता नहीं थी। चूँकि चीफ साहब एक संवेदनशील व्यक्ति थे और उनमें अभी भी कुछ गैरत बाकी थी, इसलिए जैसे-जैसे वे गाँवों के दृश्य देखते जा रहे थे उनके मन में अपराधबोध बढ़ता जा रहा था। चीफ साहब ने आई.ए.एस. की तैयारी के समय मुक्तिबोध की कविताओं को पढ़ा था और तब से मुक्तिबोध उनके प्रिय कवियों में थे और वे अब भी मुक्तिबोध की कविताओं को अकसर पढ़ते हैं। इस समय भी मुक्तिबोध की कविता की पंक्तियाँ उमड़-घुमड़कर उनके मस्तिष्क में चक्कर लगा रही है, 'मानो मेरी निष्क्रिय संज्ञा ने संकट बुलाया, मानो मेरे द्वारा ही दुर्घटना हुई।'

कुछ आगे चलने पर एक गाँव के बाहर कुछ नौजवान बैठे ताश खेल रहे थे।

"इन जुआड़ियों ने शहर में बड़ा दुन्द काट रखा है," साथ चल रहे पत्रकार ने कहा।

"बहुत माहौल बिगाड़ रखा है शहर का," साथ में चल रहे एक नागरिक ने उसका समर्थन किया।

"पकड़ लाओ इन्हें," साथ में चल रहे एस.पी. ने कहा।

एक दरोगा और तीन सिपाहियों ने आज्ञा का पालन किया और चार लोगों को पकड़कर लाए।

"जुआ क्यों खेल रहे हो?"

"कोई काम नहीं है तो क्या करें, समय काटना है।"

"खाली हो तो क्या जुआ ही खेलोगे...कुछ और खेलो।"

"और क्या खेलें?"

"क्रिकेट खेलो, फुटबाल खेलो।"

"इन्हें खेलने के लिए मैदान चाहिए। मैदान कहाँ बचा है? सब पर तो कब्जा है। किसी पर कल्लू ठेकेदार ने कब्जा कर रखा है तो किसी पर बस और टेम्पो-टैक्सी स्टैंड है।"

"बहुत बोल रहे हो, अभी पाओगे दो कन्टाप," साथ चल रहे दरोगा ने कहा।

"आप जो पूछ रहे हो उसी का जवाब दे रहा हूँ।"

"दरोगा जी, ले जाइए इन्हें कोतवाली और लॉक-अप में डाल दीजिए," एस.पी. ने कहा।

"कौन है? बड़ा ढीठ है?"

"साहब, ब्लॉक प्रमुख का लड़का है। इसका बाप भी बड़ा सिर्री है। छोटी-छोटी बातों में बवाल कर देता है। फसाद करने के लिए हर वक्त तैयार रहता है।"

चीफ साहब ने हाथ के इशारे से उन्हें छोड़ने को कहा।

स्कूल आ गया और गोष्ठी का समय भी हो रहा था।

चीफ साहब ने अपने कार्यक्रम को स्वयं इस प्रकार चॉक आउट किया था कि ज्यादा से ज्यादा समय स्थानीय लोगों, खास तौर पर किसानों के साथ व्यतीत किया जा सके। कार्यक्रम के अनुसार चीफ साहब को शाम को किसानों की समस्या पर गोष्ठी करनी थी, रात्रि में किसानों की चौपाल लगानी थी और फिर अगले दिन अकाल पीड़ित किसानों को सरकार की तरफ से सहायता राशि के चेक अपने हाथों से बाँटने थे। गोष्ठी में उन्होंने स्थानीय लोगों के साथ-साथ बाहर से भी विशेषज्ञों को वक्ता के रूप में बुलाया था, मगर इस बात को भी सुनिश्चित कर लिया था कि स्थानीय लोगों की ज्यादा से ज्यादा भागीदारी हो। बाहर से वक्ता बुलाने के पीछे ध्येय यह था कि किसान अपने से अपनी समस्या खुलकर नहीं रखते, इसके पीछे संकोच के साथ-साथ भय का मनोविज्ञान भी काम करता है मगर जब कोई अन्य व्यक्ति खुलकर उनकी समस्या रखता है तो वे भी धीरे-धीरे खुलते जाते हैं। किसानों से सीधा मुखातिब होने के ध्येय से ही रात्रि में उन्होंने किसानों के साथ चौपाल का आयोजन भी

रखा है। चीफ साहब की मनुष्यता की छौंक का एक उदाहरण यह भी है कि अपने इस कार्यक्रम में उन्होंने अपने बालसखा विनायक को भी याद किया और आते ही सबसे पहले उनसे बहुत खुलूस के साथ मिले। चीफ साहब लकालक कपड़ों में जब फटेहाल विनायक से गले मिल रहे थे तो किसी पत्रकार ने कमेंट किया, "खूब फब रही है कृष्ण-सुदामा की जोड़ी। इस देश में मनुष्यता की जड़ें बहुत गहरी हैं।"

चीफ साहब के गोष्ठी स्थल पर पहुँचने पर घंटों माल्यार्पण एवं बुके भेंट करने का कार्यक्रम चला, चीफ साहब भीतर ही भीतर झुँझला रहे थे। वे नहीं चाहते थे कि फारमेलिटीज में इतना समय बर्बाद किया जाए। मगर वे ये भी जानते थे कि स्थानीय प्रशासन की कुछ मजबूरियाँ होती हैं। शहर के तमाम 'बड़े मानिन्द लोगों की ईगो को टैकिल करना पड़ता है, उनको अहम की तुष्टि करनी पड़ती है। गोष्ठी में चीफ साहब को एक से एक आप्त वचन सुनने को मिले। हिन्दी के कवि एवं अंग्रेजी के कवि–रामकुमार वर्मा, तथा गोल्ड स्मिथ की कविताओं से लेकर गवर्नर जनरल चार्ल्स इलियट के वचन सुनने को मिले, एक से एक शेखचिल्लियों के ऊटपटाँग सुझाव सुनने को मिले मगर चीफ साहब ने सबको बड़े धैर्य से सुना और कुछ बहुत अच्छे कथन और सुझाव को नोट भी किया। मसलन, भारतीय किसान कर्ज में पैदा होता है और कर्ज में ही मर जाता है।

'भारतीय कृषि मानसून के हाथ का जुआ है।'

'सिर्फ मानसून के हाथों ही क्यों? वह टिड्डी के हाथ, नील गाय के हाथ, जंगली सुअरों के हाथ, आकाश के चक्रों के हाथ, पृथ्वी और आकाश की आफतों के हाथ का जुआ है।'

'लम्बे समय से खेती घाटे का धन्धा बनी हुई है।'

'मौसम की मार या अन्य कारण से जब फसल चौपट होती है या पैदावार कम होती है तब तो किसान मुसीबत में होता ही है जब पैदावार खूब होती है तब भी किसान मुसीबत में होता है, क्योंकि उसको वाजिब दाम नहीं मिलता। प्राय: उसकी अपनी लागत निकलनी भी मुश्किल हो जाती है और वह अपने को ठगा-सा महसूस करता है।'

'जो नाक तक ऋण के नीचे दबा हो, उससे यह उम्मीद नहीं की जा सकती कि वह नई तरह के बीज या औजार या खाद खरीदेगा। उसे तो सिर्फ पुरानी लीक से जौ भर भी हटना दुस्साहस मालूम होता है।'

'देश के किसान नई महाजनी सभ्यता के मकड़जाल में ऐसे बुरे फँसे हैं कि बाहर निकलने का रास्ता नजर नहीं आता है। नई महाजनी सभ्यता अनाज की कीमत को कम से कमतर रखने का जतन करती है।'

'जिस हिसाब से गैर-कृषि उत्पादों की कीमतें बेतहाशा बढ़ी हैं, उस हिसाब से तर्क दिया जा सकता है कि गेहूँ की कीमत सात हजार रुपये प्रति क्विंटल होनी चाहिए और चावल की उससे भी ज्यादा। मगर उसका समर्थन मूल्य क्या निर्धारित किया गया है, आपको पता ही होगा।'

'शायद ही इतिहास के किसी अन्य दौर में किसी एक पेशे से जुड़े लोगों ने इतनी बड़ी तादाद में खुदकुशी की हो'...आदि, आदि बातें उन्हें गोष्ठी में सुनने को मिलीं।

जैसे ही संचालक ने घोषित किया कि अब अध्यक्षीय भाषण होगा और उसके बाद गोष्ठी समाप्त हो जाएगी वैसे ही विनायक अपने स्थान पर खड़े हो गए और हाथ उठाकर कहा कि वे भी अपनी बात रखना चाहते हैं। आयोजकों में सबको पता था कि विनायक चीफ साहब के बालसखा हैं। इसलिए उनका मान रखने के लिए उन्हें बुलाना पड़ा।

विनायक बड़े नाटकीय अन्दाज में डायस पर पहुँचे और बड़े आक्रामक ढंग से अपनी बात की शुरुआत की। उनकी शैली में तंज एवं भाषा में अभिव्यंजना का पुट था—"हमारे पूर्व वक्ता ने पूछा था, आखिर किसान का दोष क्या है? वह भरपूर मेहनत करता है, अपने खून-पसीने से फसल उपजाता है फिर भी वह अकिंचन और भूखा रहता है। तो मैं कहना चाहता हूँ कि किसान का सबसे बड़ा दोष है कि वो घूस देना नहीं चाहता। घूस कार्य के लिए उत्प्रेरक का कार्य करता है, बिना घूस के कोई काम नहीं हो सकता या कहूँ कि जहाँ घूस की लालसा नहीं होती, वहाँ अधिकारी कोई रुचि नहीं दिखाते। उसे इस यथार्थ का बोध होना चाहिए। यथार्थ का बोध न होना उसका अपराध है।"

"यह क्या बोल रहा है?"

"यह पगला गया है क्या?" लोग आपस में फुसफुसाने लगे।

मगर विनायक बोलते ही जा रहे थे, "अपने यथार्थ को पहचानो, उसकी गन्दगी को, उसकी सड़ाँध को पहचानो, उसके कीचड़ में तैरना सीखो।" वे बोलते जा रहे थे, "घूस एक प्रेरणा है जो काम करवाती है। जहाँ यह प्रेरणा नहीं होती वहाँ काम भी नहीं होता। मसलन इस जिले के डी.एम. ने..." सबके कान

खड़े हो गए और साथ में बैठे डी.एम. साहब और सभी प्रशासनिक अधिकारियों की निगाहें विनायक की तरफ हो गईं। विनायक बोलते जा रहे थे—"किसानों की मदद के लिए 60-67 करोड़ रुपये सरकार से माँगे। रुपये मिल भी गए। मगर आपदा पीड़ितों को एक पाई भी नहीं बाँटी गई। धनराशि यूँ की यूँ ही वापस कर दी गई।"

"इसको कैसे पता चला?" सामने बैठे डी.एम. साहब ने बगल में बैठे ए.डी.एम. (एफ. आर.) से पूछा।

"पता नहीं सर," ए.डी.एम. (एफ. आर.) ने कहा।

विनायक बोलते ही जा रहे थे, "धनराशि क्यों वापस की गई, जानते हैं। क्योंकि बाँटने के पीछे कोई प्रेरणा नहीं थी, कोई उत्कोच नहीं मिलना था, क्योंकि शासन ने धनराशि सीधे किसानों के खाते में डालने की बात कही थी।"

विनायक के भाषण से प्रशासन में खलबली मच गई। जिलाधिकारी को लगा कोई बीच चौराहे में उन्हें जूते पर जूते लगाये जा रहा है या एक-एक करके उसके कपड़े उतारता जा रहा है और अब वे पूरी तरह से नंगे हो गए हैं। चीफ साहब ने विनायक को रोकने की कोशिश की और कहा, "विनायक, नो पर्सनल कमेंट प्लीज।"

"दिस इज नॉट ए पर्सनल कमेंट, इट परटेन टू ऑल पब्लिक," जिलाधिकारी का चेहरा गुस्से से लाल हो गया और वे अपने मातहत पर गुस्सा उतार रहे थे, कि क्यों उन लोगों ने इस इडियट को डायस पर जाने का मौका दिया।

"सर, मैं तो पहले ही कह रहा था कि यह आदमी रिलायबिल नहीं है मगर चीफ साहब का इतना आग्रह था कि उसे बुलाना पड़ा," ए.डी.एम. ने बात सँभालने की गरज से कहा।

"सर एक बात कहूँ," ए.डी.एम. ने सकुचाते हुए पूछा।

"हाँ-हाँ कहो, जरूर कहो।"

"सर छोटे मुँह बड़ी बात होगी, मगर मुझे ऐसा लगता है कि कहीं चीफ साहब की शह तो नहीं थी।"

"मुझे भी ऐसा ही लगता है।"

"मगर सर, चीफ साहब ऐसा क्यों करेंगे?"

"दरअसल चीफ साहब मुझे जिले के डी.एम. बनाए जाने के पक्ष में नहीं थे, मेरी उनकी बहुत पुरानी रंजिश है। मैं जब एज ए ट्रेनी एस.डी.एम. उनके अंडर में ट्रेनिंग कर रहा था और वे मेरे डी.एम. थे।"

"क्या मामला था सर?"

"अरे कुछ नहीं, बस यूँ ही था कोई मामला," ए.डी.एम. को बताने की जरूरत नहीं पड़ी कि चीफ साहब डी.एम. के रूप में उसकी पोस्टिंग क्यों नहीं चाहते थे और उनकी इच्छा के विरुद्ध वह कैसे वहाँ पोस्ट हो गए। दरअसल डी.एम. साहब घपलों के लिए प्रसिद्ध हैं इसलिए चीफ साहब डी.एम. के रूप में उनकी पोस्टिंग के विरोधी हैं मगर चूँकि वे मुख्यमंत्री की बिरादरी के हैं इसलिए मुख्यमंत्री ने उन्हें डी.एम. के रूप में करा दिया।

"यह तो बहुत बोल गया, इसका कुछ इलाज होना चाहिए।"

"होगा, साहब जरूर होगा। इसका ऐसा इलाज होगा कि यह भी याद रखेगा," सी.डी.ओ. ने कहा।

दरअसल विनायक ने एक तरह से सिर्फ डी.एम. पर ही नहीं, जिले की पूरी नौकरशाही पर अँगुली उठाई थी। इसलिए अधिकारियों ने डी.एम. के इर्द-गिर्द गोलबन्दी कर ली।

"ए.डी.एम. साहब, इस आदमी ने सरेआम हमारी इज्जत उतार दी।"

"सर आप चिन्ता न करें। हम ऐसा सबक सिखाएँगे कि यह साला याद करेगा।"

"क्या करेंगे आप, जरा हम भी तो जानें?"

"सर, अभी बताते हैं," यह कहकर ए.डी.एम., डायस पर चीफ साहब के पास जाकर उनके कान में कुछ देर तक फुसफुसाते रहे। चीफ साहब स्वीकृति में सर हिला रहे थे। चीफ साहब के कान में फुसफुसाकर ए.डी.एम. आकर अपनी सीट पर बैठने जा ही रहे थे कि आगे बैठे डी.एम. साहब अपनी कुर्सी से उठे और ए.डी.एम. साहब को इशारे से अपने पास बुलाया और दोनों एक कोने में खड़े होकर बतियाने लगे।

"द्विवेदी, तुमने चीफ साहब के कान में क्या फूँक दिया कि वे बड़े चियरफुल दिखाई पड़ रहे थे?" डी.एम.।

"मैंने चीफ साहब से कहा, सर हम सभी किसानों को चेक लिफाफे में रखकर देना चाहते हैं ताकि हम लोग कलेक्ट्रेट की तरफ से नारायण जी को जो धनराशि सम्मान स्वरूप देना चाहते हैं, दे सकें। चीफ साहब शायद इस बात से खुश थे कि हम लोगों ने बिना उनके कहे उनके मित्र का अलग से खयाल रखा।"

"मगर इससे क्या होगा?" डी.एम.।

"सर इसी में तो सारा खेल होगा।"

"क्या खेल होगा?"

ए.डी.एम. ने डी.एम. के कान में कुछ फुसफुसाया।

"ह्वाट एन एक्सीलेंट आइडिया," तुम्हारी बुद्धि की दाद देनी होगी द्विवेदी, तुम्हें तो यार आई.ए.एस. होना चाहिए था।"

"सर आई.ए.एस. में थोड़े नम्बर से चूक जाता था।"

और फिर फुसफुसाहट के अनुसार ही कार्य हुआ।

3

घर पहुँचते ही विनायक ने जेब से लिफाफा निकाला। लिफाफा काफी मोटा नजर आ रहा था। लिफाफा खोला तो उसमें पचास-पचास के खूब सारे नोट के साथ एक चेक था। नोट बीस थे, मगर चेक देखकर विनायक अवाक् रह गए, एकदम सन्नाटे में आ गए। चेक सिर्फ पचास रुपये का था। उन्होंने मन को सांत्वना दी—लिपिक की त्रुटि के कारण पचास हजार की जगह पचास रुपये हो गया होगा, लिपिक 'हजार' लिखना भूल गया होगा। मगर अंकों में भी तो सिर्फ 'रुपये पचास' लिखा है। यह भी लिपिकीय त्रुटि के कारण ही हुआ होगा, चलकर कचहरी में ठीक करा लेंगे। विनायक को इस बात का इत्मीनान था।

पूरा हफ्ता खेती की व्यस्तता में बीत गया। अगले हफ्ते सोमवार को ही विनायक कचहरी पहुँचे। सीधे कलेक्टर साहब के कमरे में पहुँचे, कलेक्टर साहब दौरे पर थे। कलेक्टर साहब के स्टाफ ने बताया कि डी.एम. साहब सुबह ग्यारह से बारह या शाम को सात से आठ जनता से मिलते हैं। रविवार को वह जनता से नहीं मिलते।

पूरे दस दिन के बाद कलेक्टर से मुलाकात हुई। विनायक ने अपना चेक दिखाया, जैसा कि विनायक को उम्मीद थी, कलेक्टर साहब ने कहा, "इट इज ए क्लर्कियल मिस्टेक, ठीक हो जाएगी, आप ए.डी.एम. फाइनेन्स से मिल लीजिए।"

विनायक ए.डी.एम. फाइनेन्स से मिलने गए। ए.डी.एम. फाइनेन्स से पास में ही मुलाकात हो गई। ए.डी.एम. फाइनेन्स ने उन्हें, एकाउंटेंट के पास भेजा। एकाउंटेंट ने उन्हें हफ्तों टरकाया। फिर एक दिन खाता देखकर बताया कि "यह

लिपिकीय त्रुटि नहीं है, आपको पचास रुपये का ही चेक स्वीकृत हुआ है।"

"ऐसा कैसे हो सकता है, सभी किसानों को पच्चीस-पच्चीस हजार का चेक दिया गया और मुझे सिर्फ पचास रुपये का स्वीकृत होगा। वह भी जबकि मैं नौकरशाही के मुखिया, चीफ साहब का बालसखा हूँ," उन्होंने कहा।

"आप ठीक कह रहे हैं कि पचास रुपये का चेक का यूँ कोई तुक नहीं बनता। आप कलेक्टर साहब से मिल लीजिए।"

वे पुन: कलेक्टर से मिलने गए, कलेक्टर ने ए.डी.एम. फाइनेन्स के पास भेजा, ए.डी.एम. फाइनेन्स ने एकाउंटेंट के पास भेजा। जब कई बार उन्हें एक जगह से दूसरी जगह और दूसरी जगह से तीसरी जगह जाना पड़ा, तो ए.डी.एम. के ऊपर फट पड़े, "यह आप लोगों ने क्या तमाशा बना रखा, मुझे दौड़ा रहे हैं, मैं अपनी खेती को छोड़कर आता हूँ। आप लोग मुझे गेंद की तरह उछाल रहे हैं।"

फिर क्या था, ए.डी.एम. तो इसी तलाश में था, "आप तो अपनी गरज से आते हैं, आना हो तो आइए नहीं तो मत आइए।"

"आप कैसे बोल रहे हैं, आप गरज की बात कैसे कर रहे हैं, आपको सरकार ने जनता की सेवा के लिए लगा रखा है, आपका यह कर्तव्य बनता है।"

"बहुत कर्तव्य सिखा रहा है, रामनयन जरा इसको यहाँ से धक्का देकर बाहर करो," ए.डी.एम. ने चपरासी को आवाज दी। चपरासी आकर सामने खड़ा हो गया, मगर उन्हें धक्का नहीं दिया।

रामनयन में अभी गैरत बाकी थी। चीफ साहब जब इस जिले में कलेक्टर थे तो वह उनका अर्दली था। चीफ साहब एक इंसाफपरस्त एवं कर्मचारी हितैषी कलेक्टर रहे हैं। उन्होंने अपने कलेक्टर रहते जिले में कर्मचारियों की संस्था कर्मचारी कल्याण निगम को मजबूत किया था और एक चीफ की हैसियत से तो उन्होंने कर्मचारियों के लिए इतने काम किए जितना कि कई दशकों में नहीं हुआ था। रामनयन इस बात को जानता है कि विनायक चीफ साहब के लँगोटिया यार हैं और चीफ साहब व्यक्तिगत रूप से उनको बहुत मानते हैं। अब चीफ साहब जिसे माने रामनयन उनका अपमान कैसे कर सकता है। फिर विनायक जी ने गलत क्या कहा है? आखिर जब सरकार किसानों की मदद करना चाहती है तो इनके पेट में क्यों दर्द होता है? मगर इन्हें तो अपने फायदे से मतलब।

आजकल के अधिकारी ऐसे ही होते हैं, इन्हें सिर्फ ज्यादा से ज्यादा पैसा कमाने से मतलब होता है बस। इन्हें न तो देश की गरीब जनता से कोई मतलब होता है न अपने मातहतों के हितों से और न ही अपने पद की गरिमा से। रामनयन मन ही मन बुदबुदाता रहा।

"यह तो चीफ साहब का चमचा है, यह क्यों धक्का देगा," ए.डी.एम. ने मन में सोचा और फिर जोर से आवाज लगाई, "घनश्याम।"

एक दुबला-पतला होमगार्ड का जवान सामने हाजिर।

"इसे धक्के देकर बाहर करो," ए.डी.एम. ने गुस्से में कहा।

होमगार्ड का जवान ज्यों ही धक्का देने के लिए आगे बढ़ा विनायक ने कहा, "दूर रहना, नहीं तो ठीक नहीं होगा।" होमगार्ड फिर भी नहीं माना तो विनायक उससे गुत्थमगुत्था हो गए और देखते ही देखते होमगार्ड को धराशायी कर दिया। साथी होमगार्ड को गिरा देखकर कई होमगार्ड्स ने मिलकर विनायक की बुरी तरह पिटाई कर दी और ए.डी.एम. ने सरकारी कार्य में बाधा डालने का आरोप लगाकर पुलिस के सुपुर्द कर दिया। ए.डी.एम. बहुत गुस्से में था, वह चीखे जा रहा था, "तेरी यह हिम्मत, दो कौड़ी का आदमी, आया है प्रशासन से भिड़ने। चीफ साहब ने तुझे बहुत शह दे रखी थी। जिले में जितने थाने हैं न सबमें तेरे खिलाफ दो-दो एफ.आई.आर. लिखवाऊँगा। सारी जिन्दगी जेल में सड़ेगा, होश ठिकाने आ जाएगा और तब देखते हैं चीफ साहब कैसे तुझे बचाते हैं।"

"जिले में जितने थाने हैं न सबमें तेरे खिलाफ दो-दो एफ.आई.आर. लिखाऊँगा," यह डायलॉग विनायक ने पहले भी सुन रखा था। किसने बोला था यह डायलॉग विनायक जी ने दिमाग पर जोर डाला, याद आ गया। यह डायलॉग तो सत्ताधारी दल के एक बाहुबली विधायक ने अपने राजनीतिक प्रतिद्वन्द्वी के खिलाफ बोला था।

ए.डी.एम. ने जैसा कहा वैसा ही किया, कई थानों में एफ.आई.आर. लिखवाई और विनायक जी डेढ़ महीने तक जेल में रहे। डेढ़ महीने बाद उन्हें हाई कोर्ट से जमानत मिली, वह भी चीफ साहब की बहुत कोशिश के बाद।

जेल की सजा, जेल में अपराधियों के बीच समय काटने का दुख कम न था, उस पर यह बोझ कि मेरी वजह से चीफ साहब की हेठी हुई। जो प्रशासनिक अमला चीफ साहब से उनकी ईमानदारी और सख्ती के कारण नाराज रहता था, उन्हें चीफ साहब से बदला लेने का मौका मिला।

"तुम्हें सच बोलने की सजा मिली, मैं कहती थी बहुत सच न बोला करो, झूठ में जीने वालों को सच हजम नहीं होता। उन्हें मिलावटी सच ही हजम होता है। क्या जरूरत थी, निखालिस सच बोलने की," पत्नी ने उनसे घटना वाले दिन ही कहा था। तब उन्होंने बड़े आत्मविश्वास के साथ कहा था कि यदि मैं सच नहीं बोल सकता तो फिर दुनिया में कौन सच बोलेगा। प्रदेश का सबसे बड़ा अफसर मेरा लँगोटिया यार और फिर भी मैं सच न बोल पाऊँ।

उनकी बात में कितना दम्भ था। पत्नी ने कहा, 'क्या जरूरत थी, अफसरों से भिड़ने की। माना चीफ साहब तुम्हारे जिगरी दोस्त हैं और वे बहुत बड़े अफसर हैं, मगर तुम्हें डेम (डी.एम.) से भिड़ने की क्या जरूरत थी। आखिर वह मौके का ऑफिसर है और मौके का ऑफिसर दूर के ऑफिसर से सौ गुना ताकतवर होता है।' पत्नी के ये शब्द दिन-रात विनायक जी के मस्तिष्क को मथते। वे दिन-रात आत्म-प्रवंचना, आत्मग्लानि और आत्म-धिक्कार के भावों से ग्रसित रहते हैं। उन्हें चलते-फिरते, उठते-बैठते, सोते-जागते (हालाँकि नींद तो उनकी उड़ गई है, वे सिर्फ सोने का नाटक करते हैं) ये अहसास उनका पीछा करता रहता है।

फिर रोज-रोज मुकदमे की तारीख झेलना। प्रशासन द्वारा उनके विरुद्ध दायर कराए गए मुकदमों की तारीख से वे आजिज आ गए, सारे काम को छोड़कर अदालत के चक्कर काटना उन्हें उनके जीवन पर भारी पड़ रहा था। वे अपने जीवन से आजिज आ गए थे और एक दिन जब वे अपने गन्ने के खेत की रखवाली कर रहे थे, उन्होंने खेत में आग लगा दी और स्वयं उसी में कूद गए और झुलस मरे। रामनयन ने उनके शव का चित्र ले लिया और उसे चीफ साहब के मोबाइल पर वायरल कर दिया।

4

सुबह-सुबह एस.एस.पी. साहब के मोबाइल पर इंटरनेशनल कॉल आई, उस समय वे दैनिक क्रियाओं से फारिग हो रहे थे। थोड़ी देर बाद फिर वही नम्बर उनके मोबाइल पर डिस्पले हुआ। क्षण-भर वे असमंजस में थे, किसका फोन है, उठाएँ या नहीं। फिर उन्होंने फोन उठा लिया।

"मैं चीफ सेक्रेटरी बोल रहा हूँ," उधर से आवाज आई।

"गुड मॉर्निंग सर।"

"सक्सेना, विनायक केस में एफ.आई.आर. हो गई है?"

"यस सर, इट इज ए केस ऑफ सुसाइड।"

"नो, इट इज नॉट सुसाइड, इट इज ए केस ऑफ मर्डर। इसकी इसी लाइन पर तफ्तीश करो," और फिर फोन कट गया।

मर्सी अपील

"यदि देश में नेता मारो, अफसर मारो अभियान चलाना हो और देश में प्रभावशाली नेता कुल मिलाकर एक लाख हैं और अफसर दो लाख, और एक नेता को मारने के लिए पन्द्रह आदमियों की और एक अफसर को मारने के लिए पाँच आदमियों की आवश्यकता पड़ती है तो इस अभियान की सफलता की सम्भावना पर प्रकाश डालिए, जबकि देश की आबादी इस समय एक अरब पच्चीस करोड़ है।"

"एक मंत्री प्रतिदिन औसत सौ कि.मी. चलता है और पेट्रोल का दाम अस्सी रु. प्रति लीटर है और इसके अतिरिक्त ओवरहेड खर्चे, जैसे ड्राइवर की तनख्वाह सर्विसिंग, डेंटिंग, पेंटिंग आदि एक हजार रु. प्रतिदिन है, तो बताओ बच्चो कि यदि मंत्री को उसके पद से हटा दिया जाए तो देश को प्रतिमाह कितने की बचत होगी?"

"एक अध्यापक औसत चार घंटे प्रतिदिन बच्चों को न पढ़ाकर प्रिंसिपल की चापलूसी करता है और विद्यालय में कुल उनतालीस अध्यापक हैं, मुझे छोड़कर तो बताओ बच्चो कि प्रिंसिपल की चापलूसी पसन्दगी की वजह से विद्यालय के कितने शैक्षिकीय घंटों की हानि होती है?"

फाइल में इस तरह के प्रश्न देखकर मैं अवाक् रह गया, फाइल टेबुल पर खुली पड़ी थी और इस तरह के अनाप-शनाप प्रश्नों से अटी पड़ी थी, उन प्रश्नों को मैंने बिना हाथ में उठाए ही पढ़ लिया। मैं फाइल को उठाकर पढ़ने ही जा रहा था कि मेरे मित्र बाथरूम से निकल आए और मुझे देखकर कहा, "गुड इवनिंग, पार्टनर।"

"गुड इवनिंग बॉस," मैंने जवाब दिया।

"यह क्या है?" मैंने फाइल की तरफ इशारा करते हुए पूछा।

"बैठिए, इत्मीनान से बताता हूँ," मित्र ने कहा, फिर थोड़ी देर रुककर बतलाना शुरू किया, "दरअसल यह फाइल माध्यमिक कॉलेज के एक ऐसे अध्यापक की है जिसे मुझे जिला विद्यालय निरीक्षक की हैसियत से निलम्बित करने का निर्णय लेना है।"

"तो इसमें दिक्कत क्या है?" मैंने पूछा।

"इसमें दिक्कत यह है कि इस अध्यापक की छवि एक अच्छे अध्यापक की रही है—न सिर्फ उसके पढ़ाने की, बल्कि उसके सामान्य व्यवहार की भी," मित्र पूरी बात बताते, उससे पहले ही मैंने पूछा, "अच्छी छवि है तो उसे निकालने की क्या आवश्यकता आ पड़ी?"

"यही तो मैं बता रहा हूँ। दरअसल इधर कुछ दिनों से उसका दिमाग गड़बड़ा गया है। इसलिए कॉलेज का मैनेजमेंट और प्रिंसिपल उसे कॉलेज से निकालना चाहते हैं जबकि मैं उसे बचाना चाहता हूँ, मैं नहीं चाहता कि मेरी कलम से कोई गरीब मार हो," मैंने कहा।

"इसका दिमाग कैसे गड़बड़ा गया?" मैंने पूछा।

"इसमें भी कोई कानूनी पेच है क्या?" मित्र ने पूछा।

"नहीं, बस, यूँ ही उत्सुकतावश और हो सकता है कि कोई कानूनी पक्ष निकल ही आए," मैंने कहा।

"दिमाग गड़बड़ाने के बारे में भी जितने मुँह उतनी बात। कोई कहता है कि उनका दिमाग प्यार में धोखा खाने के कारण खराब हुआ है, तो कोई कहता है कि उन्होंने कॉमर्शियल क्रॉप की खेती के लिए बैंक से लोन लिया था, मगर क्राप फेल हो जाने के कारण वे बैंक का लोन चुकता नहीं कर पाए। अब बैंक वाले अकसर उनको धमकाते रहते हैं कि उन्हें जेल भेज दिया जाएगा, जेल जाने के डर के कारण उनका दिमाग गड़बड़ा गया है। तीसरा कहता है कि वे अपनी सारी बचत शेयर बाजार में लगाते थे। एकाएक शेयर बाजार में गिरावट आई और उनके शेयरों का दाम बहुत गिर गया जिससे उनको बहुत घाटा हुआ। इस घाटे को वे बरदाश्त नहीं कर पाए। कोई चौथा कहता है कि मैनेजमेंट उनकी जगह किसी दूसरे व्यक्ति को रखना चाहता है जोकि पॉलिटिकली बहुत पावरफुल है—निकाले जाने की आशंका के कारण उनका दिमाग गड़बड़ा गया है—हालाँकि मित्र ने पूरी बात रुक-रुककर बताई थी फिर भी उसकी हँफनी छूटने लगी।

"तो समस्या क्या है? क्या वे कक्षा में पढ़ाने नहीं जाते?" मैंने मित्र से पूछा।

"नहीं, ऐसा नहीं है, सच तो यह है कि कक्षा में नियमित एवं एकदम सही समय पर आते हैं, मगर वे कब, क्या पढ़ाने लगें इसका कोई भरोसा नहीं है, हिन्दी की क्लास में गणित या गणित की क्लास में हिन्दी पढ़ाने लगते हैं या हिन्दी पढ़ाते-पढ़ाते गणित या गणित पढ़ाते-पढ़ाते हिन्दी पढ़ाने लगते हैं या दोनों को गड्डमड्ड कर देते हैं। इसमें सारा कच्चा चिट्ठा है," मित्र ने फाइल की तरफ इशारा करते हुए कहा।

"तो मुझसे आप क्या चाहते हैं?" मैंने पूछा।

"हाँ, वही बता रहा हूँ। मैं चाहता हूँ कि आप फाइल अपने साथ ले जाइए और इसका अध्ययन करके बताइए कि अगर मैं उनको निलम्बित करता हूँ तो न्यायालय से उन्हें राहत मिल सकती है या नहीं। यदि न्यायालय से उन्हें राहत मिलने की उम्मीद हो तो मैं इधर उनको निलम्बित करूँ और उधर आप उन्हें स्टे दिला दीजिए। स्टे आकर विभाग में पड़ा रहेगा, मैं उसको दबाए रहूँगा, उसका काउंटर नहीं लगाऊँगा और उनकी नौकरी चलती रहेगी। साँप भी मर जाएगा और लाठी भी नहीं टूटेगी," मित्र ने कहा।

"अगर स्टे मिलने लायक नहीं हुआ तब?" मैंने पूछा।

"तब जितना सम्भव होगा, मैं इसे लटकाए रखूँगा, मेरी कोशिश रहेगी कि ये गरीब मार मेरी कलम से न हो," मित्र ने अपनी पूरी योजना का खुलासा किया।

घर आकर मैंने इत्मीनान से फाइलों को देखना शुरू किया। फाइल को बहुत ही सिस्टमेटिक ढंग से तैयार किया गया था। न सिर्फ देवीशंकर मौर्य (सम्बन्धित अध्यापक) और प्रिंसिपल के बीच हुए पत्राचार को क्रमवार लगाया गया था बल्कि श्री मौर्य अपने क्लास में कितना असम्बद्ध और असंगत ढंग से पढ़ाते हैं, इसकी भी तिथिवार विस्तृत रिपोर्ट थी। शुरू के करीब पच्चीस पन्ने श्री मौर्य और प्रिंसिपल के बीच हुए पत्राचार के थे। इसके बाद इस बात का विस्तृत विवरण था कि श्री मौर्य क्लास में पढ़ाते क्या हैं। मैं पन्ने पलटता जा रहा था—एक से एक ऊटपटाँग चीजें देखने को मिल रही थीं। दुनिया की तमाम समस्याओं पर बड़े असम्बद्ध और असंगत ढंग से विचार किया गया था। सबसे पहले पन्ने (फाइल के छब्बीसवें पन्ने) पर इकबाल के दो शे'र थे—'जिस खेत से दहकां को मयस्सर न हो रोटी, उस खेत के हर गोस-ए-गंदुम को जला दो।' (जिस खेत से मेहनतकश को रोटी मयस्सर न हो उस खेत की एक-एक बाली को जला दिया जाना चाहिए)।

"बागे-बहिश्त से मुझे हुक्मे सफर दिया तो क्यूँ, कारे-जहाँ दराज है, अब मेरा इन्तजार कर।" (स्वर्ग के बाग से मुझे पृथ्वी पर आने का हुक्म क्यों दिया था। अब जहान में बहुत काम हैं करने को इसलिए अब, ऐ खुदा, तुम मेरा इन्तजार करो)।

पूरे पेज में इन दोनों शे'रों के शाब्दिक अर्थ के साथ विस्तृत व्याख्या दी गई थी। आगे के पेज में (पूरे पेज में) ग़ालिब और मीर के तमाम शे'र थे, उनके शाब्दिक अर्थ और व्याख्याएँ नहीं दी गई थीं। उसके अगले पेज पर फ़िराक़ और फ़ैज़ के शे'र लिखे, उनके शाब्दिक अर्थ थे, मगर विस्तृत व्याख्या नहीं थी। आगे के पेज में कबीर, मीरा और कुम्भनदास के दोहे थे। सबसे खास बात यह थी कि इनमें से कुछ भी बच्चों के सेलेबस में नहीं था। मैंने पूरी फाइल का एक-एक हर्फ पढ़ा और मित्र को फोन किया, "देखिए मिश्रा जी (कृपाशंकर मिश्रा), इस फाइल को देखने के बाद तो मुझे लगता है कि स्टे मिलना न सिर्फ मुश्किल है, बल्कि असम्भव है। चुनाँचे मित्र की फाइल को दबाए रखना ही माकूल होगा।"

मामला एक हफ्ते तक दबा रहा, फिर मंत्री का फोन आया। मंत्री बड़ी शराफत से बात कर रहा था, "मिश्रा जी वह मौर्य का क्या चक्कर है?" मंत्री ने पूछा।

"सर, अभी मैंने फाइल देखी नहीं है," मित्र ने जवाब दिया।

"जल्दी देख लीजिए, और वह सोनभद्र वाली फाइल आपकी मेरे पास पड़ी हुई है, वह क्या मामला है?" मंत्री ने पूछा।

मैंने गौर किया, मित्र का चेहरा एकाएक सर्द पड़ गया। मित्र ने कहा, "कुछ नहीं सर, उसमें मेरी कोई गलती नहीं है, स्टाफ ने मुझे अँधेरे में रखकर घपला किया था, मैंने सर अपना पक्ष उसमें रख दिया है," मित्र ने कहा।

"चलो मैं देख लूँगा, और हाँ, ज्वाइंट डायरेक्टर के दो पद खाली हैं, एक झाँसी में और दूसरा सहारनपुर में, मैं सोच रहा हूँ, तुमको वहाँ भेज दूँ," मंत्री ने कहा।

"सर मैं तो ज्वाइंट डायरेक्टर हूँ नहीं," मित्र ने कहा।

"नहीं हो तो क्या हुआ, मैं तुम्हें इंचार्ज बना देता हूँ, जब तक तुम प्रमोशन के लायक नहीं होते तब तक तुम इंचार्ज बने रह सकते हो, जैसे ही तुम्हारी इलिजिबिलिटी होगी तुम्हें प्रमोट कर दिया जाएगा," मंत्री ने कहा।

यहाँ मैं अपने बारे में बता दूँ। मैं वकालत के व्यवसाय में हूँ और इस व्यवसाय में रहकर मैं न तो बहुत नाम कमा पाया न धन। विभागों में दलाली

करके अपना काम चलाता हूँ चुनाँचे मैंने एक सहायक अध्यापक से उसके स्थानान्तरण कराने का ठेका लिया था और इसी सिलसिले में एक हफ्ते बाद श्री मिश्रा से मिलने उनके कार्यालय में गया था।

"सर, जैसी आपकी मेहरबानी," मित्र ने कहा।

मित्र ने फोन रखकर कहा, "साला, धमकी भी दे रहा है और चारा भी फेंक रहा है।"

"क्या मतलब?" मैंने कहा।

"मतलब साफ है, यदि उसके मन की नहीं करूँगा तो वह मुझे निलम्बित कर देगा," मित्र ने कहा।

"मगर ऐसे कैसे निलम्बित कर देगा, बिना बात के," मित्र ने कहा।

"दरअसल सोनभद्र में मेरे स्टाफ ने बहुत घपला किया था, मैं उन दिनों पत्नी की बीमारी के कारण परेशान था, दफ्तर में पूरा ध्यान दे नहीं पाता था, मेरे स्टाफ ने इसी बात का फायदा उठाते हुए घपला कर डाला," मित्र ने अपनी सफाई दी।

"कुछ लम्बा घोटाला था?" मैंने पूछा।

"हाँ, लम्बा ही था," मित्र ने बताया।

मैं समझ गया कि यद्यपि मित्र अपने को पाक-साफ कह रहे हैं, मगर वे ऐसे होंगे नहीं, उनका भी कुछ न कुछ इन्वॉल्वमेंट जरूर होगा।

2

मैं कचहरी के अपने चैम्बर में अपने मुवक्किलों से घिरा किसी मुकदमे की फाइल को पढ़ रहा था कि मोबाइल पर मित्र का फोन आया, "मैंने उसे निलम्बित कर दिया।"

"अरे क्यों, इतनी जल्दी क्या थी?"

"मैं क्या करता, मेरे ऊपर लगातार मंत्री का दबाव पड़ रहा था, इस बात का डर था कि कहीं सोनभद्र केस में मुझे ही न निलम्बित कर दे।"

"जो भी हुआ गलत हुआ," मैंने कहा।

"सो तो है, मैं खुद इस बात से परेशान हूँ कि गरीब मार हुई," मित्र ने सफाई दी।

लगभग पाँच मिनट बाद मित्र का फोन फिर आया, "हो सके तो तुरन्त मेरे घर चले आओ।"

"कोई खास बात?" मैंने पूछा।

"हाँ, माध्यमिक शिक्षक संघ के महामंत्री श्री पांडेय जी आ रहे हैं। वे देवीशंकर मौर्य के मसले पर मुझसे बात करने आ रहे हैं। आप साथ रहेंगे तो अच्छा रहेगा," मित्र ने कहा।

मैं जब मित्र के यहाँ पहुँचा तब तक पांडेय नहीं आया था। मैं मित्र के ड्राइंग रूम में चुपचाप आकर बैठ गया, हम दोनों थोड़ी देर तक एकदम चुपचाप बैठे रहे—शायद एक गरीब मार के दुख के कारण। कुछ देर बाद पांडेय अपने लाव-लश्कर के साथ आया। चार लोगों के साथ, जिनमें दो बन्दूकधारी थे। उसने इतनी शराफत जरूर दिखाई कि वह ड्राइंग रूम में अकेले ही आया अपने लाव-लश्कर को बाहर ही छोड़ आया। कुर्सी पर बैठते ही उसने मित्र की तरफ देखकर कहा, "सुना है आपने देवीशंकर मौर्य जी को निलम्बित कर दिया है?"

"हाँ, कर तो दिया है?" मित्र ने जवाब दिया।

"क्यूँ?" पांडेय ने थोड़ा रोब से पूछा।

"अब यह तो फाइल बताएगी, बहुत मोटी फाइल बन गई है उनके कारनामों की," मित्र ने थोड़ा रोब से कहा।

"कोई कारनामा नहीं है और जहाँ तक फाइल की बात है मैं देख चुका हूँ, और अपने साथ लेकर भी आया हूँ," पांडेय अभी अपनी बात पूरी करता उसके पहले ही मित्र ने फाइल की तरफ इशारा करके पांडेय से पूछा, "यह तुम्हें कैसे मिल गई?"

"अरे सर, इसे छोड़िए, आपका दफ्तर कोई मुझसे अलग थोड़ी है, सब अपने हैं," पांडेय ने कहा, थोड़ी देर रुककर उसने फिर कहा, "पूरी फाइल फैब्रिकेटेड है, पूरा केस बनाया गया है।"

"फैब्रिकेटेड है?" मित्र ने आश्चर्य से पूछा।

"जी हाँ," पांडेय ने कहा।

अब तक मित्र को पांडेय की हैसियत का अन्दाज लग गया था इसलिए वे बड़ी अदब से बोले, "पांडेय जी, यह आप कैसे कह सकते हैं कि फाइल फैब्रिकेटेड है?"

"सर, लगता है आपने फाइल को गौर से नहीं देखा है, पूरी फाइल बहुत साफ-सुथरी है जबकि इतनी पुरानी फाइल है, कई हाथों से गुजरी है, उसे थोड़ी गन्दी और तुड़ी-मुड़ी होना चाहिए था। दूसरी बात कोई अध्यापक क्लास में क्या पढ़ाता है इसकी जानकारी प्रिंसिपल को मोटी-मोटी तो हो सकती है, मगर वह शब्दशः नहीं हो सकती, क्योंकि यह जानकारी तो उसे ही होगी जो क्लास रूम में रहा हो। प्रिंसिपल तो क्लास रूम में थे नहीं," पांडेय एक बार में पूरी बात कह गया।

"प्रिंसिपल नहीं थे, उन्होंने इंटरमीडिएट के एक लड़के को, जो डील-डौल में बहुत छोटा था मगर पढ़ने में बहुत प्रखर था, उसे क्लास में बैठाया था, उसने ही सब नोट किया था," मित्र ने स्पष्टीकरण दिया।

"इंटरमीडिएट के किसी लड़के में इतनी काबिलियत नहीं होती कि वह इकबाल के इतने कठिन शे'र को शीन काफ के साथ एकदम सही-सही उतार ले," पांडेय ने तर्क प्रस्तुत किया।

"यह बाद में किसी अध्यापक द्वारा या प्रिंसिपल द्वारा भी सही किया जा सकता है," मित्र ने कहा।

"सर, न प्रिंसिपल में और न ही किसी अध्यापक में इतनी काबिलियत है कि वह इसे ठीक से प्रस्तुत कर पाए," पांडेय ने कहा।

"यह तो आप अपनी ही बिरादरी की कमजोरी बता रहे हैं," मित्र ने कहा।

"क्या किया जाए सर, मगर सच्चाई यही है, सच तो यह है कि यह पूरी फाइल बाहर से किसी से तैयार कराई गई है। इसमें किसी वकील की मदद भी ली गई है। फाइल एकदम दुरुस्त करने के चक्कर में यह चूक हो गई है," पांडेय ने कहा।

"मगर कोई ऐसा क्यों करेगा?" मित्र ने कहा।

"दरअसल श्री देवीशंकर मौर्य प्रिंसिपल और मैनेजमेंट की साजिश का शिकार हुए हैं," पांडेय ने कहा।

"क्या साजिश है?" मैंने पूछा।

"यह तो मैं पता लगाकर बताऊँगा," पांडेय बात टरका गया।

"तो क्या किया जाना चाहिए?" मैंने पांडेय से पूछा।

"किसी तरह सर को खुद इसकी जाँच करनी चाहिए। उन्हें फर्स्ट हैंड इन्फारमेशन होनी चाहिए कि देवीशंकर कैसा पढ़ाते हैं," पांडेय ने कहा।

"यह कैसे सम्भव है, मैं क्लास में बैठ नहीं सकता, देवीशंकर एलर्ट हो जाएगा और वह पढ़ाएगा ही नहीं," मित्र ने कहा।

"जिस कमरे में देवीशंकर पढ़ा रहे हों, उस कमरे में एक स्पीकर रखवा दिया जाए और उसका ऐम्पिलीफायर बगल वाले कमरे में रख दिया जाए, वहाँ आप, हम और प्रिंसिपल साहब बैठ जाएँ और सुनते जाएँ कि श्री देवीशंकर जी क्या पढ़ा रहे हैं?" पांडेय ने योजना बनाई।

थोड़ी देर नानुकर के बाद यह योजना फाइनल की गई।

योजना तो बन गई मगर तारीख तय करने में बहस होने लगी। पांडेय का आग्रह था कि मित्र जल्द से जल्द जाँच कर ले। जबकि प्रिंसिपल का आग्रह था कि मित्र एक सप्ताह बाद जाँच रखे। प्रिंसिपल का कहना था कि 'मुझे तैयारी करने में एक सप्ताह का समय लगेगा।'

"इसमें तैयारी क्या करना है?" मित्र ने कहा। मित्र समझ गए कि प्रिंसिपल टालने की गरज से ऐसा कह रहा है, इसलिए उन्होंने कहा, "आप नहीं कर सकते तो, यह सारी व्यवस्था मेरा स्टाफ कर लेगा। इस मामले में अब और विलम्ब नहीं किया जा सकता, माननीय मंत्री जी का मामला है।"

मजबूरन प्रिंसिपल को इसके लिए तैयार होना पड़ा।

मगर नियत तारीख को मित्र की तबीयत खराब हो गई जिसकी वजह से वे जाँच के लिए नहीं पहुँच पाए। पांडेय का फोन पर फोन आ रहा था कि मित्र हर हाल में जाँच के लिए उसी दिन पहुँचें, मगर मित्र जब दोपहर तक नहीं पहुँचे तो पांडेय ने बहुत मायूसी के स्वर में कहा, "सर अगर आप आज ही आ जाते तो इस गरीब का कल्याण हो जाता।"

"अरे पांडेय जी, मैं कल आ रहा हूँ, आप परेशान न हों। क्या फर्क पड़ता है? जैसे आज वैसे कल," मित्र ने सांत्वना देने की गरज से कहा।

"फर्क पड़ता है सर, चौबीस घंटे का फर्क पड़ता है, चौबीस घंटे में दुनिया पलट जाती है," पांडेय ने कहा।

"अरे, पांडेय जी, आप चौबीस घंटे कह रहे हैं, यहाँ तो चौबीस साल में कुछ नहीं बदला, सरकारी राज-काज ऐसे ही चलता रहेगा," मित्र ने कहा। मित्र ने पांडेय के कथन को सामान्य रूप में लिया, इसके गूढ़ार्थ को नहीं समझा मगर थोड़ी देर बाद मित्र ने मुझसे कहा, "सिंह साहब, यह पूरा प्रकरण मुझे कुछ अलग सा लग रहा है, जरा अन्दरखाने पता करें कि माजरा क्या है?"

मैंने कहा, "कुछ समय लगेगा, इधर दो दिन मैं व्यस्त हूँ, उसके बाद पता करूँगा।"

"ठीक है," मित्र ने सिर्फ इतना कहा।

अगली नियत तिथि को मैं जाँच के लिए पहुँचा। योजनानुसार प्रिंसिपल के कमरे में, मैं, मित्र, प्रिंसिपल और पांडेय इकट्ठा हुए। मित्र ने मुझे कानूनी सलाहकार के रूप में बुला रखा था। श्री पांडेय अध्यापक संघ के अध्यक्ष थे, इसलिए श्री देवीशंकर के खैरख्वाह की हैसियत से बैठे थे। प्रिंसिपल के ठीक बगल वाला कमरा श्री देवीशंकर जी का क्लास था। प्रिंसिपल के कमरे में सारी व्यवस्था कर ली गई थी, ऐम्प्लीफायर भी ठीक काम कर रहा था।

हिन्दी का पीरियड था, देवीशंकर ने आते ही ब्लैक बोर्ड पर लिखा, 'भारतीय कृषि पर निबन्ध।' फिर बच्चों की तरफ देखकर कहा, "मेरे दाएँ हाथ में चोट लग गई है इसलिए मैं आज लिख नहीं पाऊँगा, अतः मैं आज आप लोगों को बोलकर निबन्ध लिखवाऊँगा, जहाँ बहुत कठिन शब्द आएगा, वहाँ जरूर मैं ब्लैक बोर्ड पर लिख दूँगा।" देवीशंकर ने बोलना शुरू किया, "बच्चो, हमारा देश जनसंख्या की गम्भीर समस्या से जूझ रहा है। समस्या इतनी गम्भीर है कि इसके लिए विस्फोट शब्द का प्रयोग किया जाता है।"

अरे यह क्या पढ़ा रहा है, प्रिंसिपल के मुँह से एकाएक निकल गया। मैंने हाथ के इशारे से उन्हें बोलने से रोका क्योंकि यह तय हुआ था कि जब तक देवीशंकर पढ़ाते रहेंगे कोई बोलेगा नहीं, भले ही वे कितना भी ऐब्सर्ड पढ़ा रहे हों। देवीशंकर ने आगे जो बोलना शुरू किया वो भयानक था, "बच्चो, जनसंख्या की समस्या से निपटने का सबसे कारगर उपाय यह है कि पाँच साल पर होने वाले चुनाव को हर साल कर दिया जाए और सुरक्षा के लिए पुलिस तथा पैरा-मिलिटरी फोर्सेस को न लगाया जाए ताकि प्रत्याशियों के समर्थक आपस में कट मरें। इस प्रकार पृथ्वी का भार कम होगा। इससे दोहरा फायदा होगा। एक तो जनसंख्या कम होगी, दूसरे, जो आपस में लड़कर मरेंगे वे निश्चित ही पृथ्वी का बोझ होंगे। इस प्रकार साँप भी मर जाएगा और लाठी भी नहीं टूटेगी।"

मित्र ने हमारी तरफ देखकर पूछा, "तो," जिसका आशय था कि अब क्या किया जाए? किसी ने कोई जवाब नहीं दिया। फिर मित्र ने पांडेय की तरफ देखकर कहा, "पांडेय जी, आप ही बताएँ क्या किया जाए?"

पांडेय एकदम से फट पड़ा, "अब हम क्या बताएँ? हमने तो इसीलिए दो दिन पहले की तारीख मुकर्रर की थी, उस दिन आप जाँच करते तो सब ठीक-ठाक रहता मगर आप लोग कहाँ किसी की सुनते हैं? आप लोग तो हमेशा अपनी अफसरी के अहंकार में ही रहते हैं।"

"पांडेय जी आप कुछ ज्यादा ही बोल रहे हैं, सर सीधे हैं तो इसका मतलब यह नहीं कि अनाप-शनाप बोलें," प्रिंसिपल ने कहा।

"ठीक है, आप लोग अपने मन का कर रहे हैं। अब आप लोग देखिए कि मैं क्या कर सकता हूँ। एक गरीब मार हो रही है और आप लोग इतनी निस्संगता से बात कर रहे हैं," पांडेय ने बड़े तीखे स्वर में कहा। उसकी दैहिक भाषा, शाब्दिक भाषा से ज्यादा खराब थी जिससे शायद प्रिंसिपल और मित्र दोनों सहम गए। उनको भी उसकी न्यूसेन्स वैल्यू का अन्दाज रहा होगा, आखिर वह तो एक ट्रेड यूनियन लीडर है और ट्रेड यूनियन लीडर में इतनी ताकत तो होती ही है कि वह किसी भी बात पर भीड़ इकट्ठा करके हंगामा काट सके।

"पांडेय जी, दो ही दिन का अन्तर रहा है, आखिर दो दिन में ऐसा क्या फर्क पड़ गया जो आप इतना बिफर रहे हैं?" मित्र ने आत्मरक्षा में कहा।

"फर्क पड़ता है, बहुत फर्क पड़ता है," पांडेय ने गुस्से में कहा।

"मैं वही तो जानना चाहता हूँ," मित्र ने कहा।

"दरअसल देवीशंकर पूरी तरह से पागल नहीं हैं, उनका पागलपन पीरियाडिकल है।"

"क्या मतलब?" प्रिंसिपल ने पांडेय की तरफ रुख कर पूछा।

"मतलब यह है कि देवीशंकर पन्द्रह दिन एकदम स्वस्थ रहते हैं और पन्द्रह दिन विक्षिप्त। कृष्ण पक्ष में वे बिलकुल ठीक रहते हैं, मगर जैसे ही शुक्ल पक्ष शुरू होता है, उनका दिमाग गड़बड़ाना शुरू हो जाता है। स्थिति यह है कि अभी आपसे बात कर रहे हैं, ठीक-ठाक बात कर रहे हैं। मगर जैसे ही अमावस्या खत्म होती है परेवा (शुक्ल पक्ष का पहला दिन) शुरू होते ही, रात्रि के ठीक बारह बजते ही, उनका दिमाग गड़बड़ाना शुरू हो जाता है। होंठ थरथराने लगते हैं, जबान लड़खड़ाने लगती है, आवाज भारी होने लगती है और व्यवहार में उग्रता आने लगती है। फिर शुरू हो जाता है खूब गुस्सा करना और जोर-जोर से बोलना, खूब बोलना, बहुत पुरानी बातें याद करके अपने प्रियजन पर गुस्सा करना और बात-बेबात पर ताना मारना," पांडेय ने बड़े संयत ढंग से बताया।

"मगर मेरे एक रिश्तेदार हैं, वे तो दौरा पड़ने पर गुमसुम और शान्त हो जाते हैं," प्रिंसिपल ने कहा।

"ऐसा अन्तर्मुखी व्यक्तित्व वालों के साथ होता है, देवीशंकर बहिर्मुखी व्यक्तित्व के हैं। हालाँकि अन्तर्मुखी और बहिर्मुखी में ऐसा कोई भी स्पष्ट विभाजन नहीं होता है, यह सामान्य विभाजन होता है और कोई भी कभी भी बहिर्मुखी से अन्तर्मुखी या अन्तर्मुखी से बहिर्मुखी हो सकता है," पांडेय ने बड़े विस्तार के साथ बताया।

"अरे पांडेय जी आपको तो मनोविज्ञान का बहुत ज्ञान है," मैंने कहा।

"अरे, ज्ञान क्या है? देवीशंकर के बारे में सुनते-सुनते ज्ञान हो गया है, उनके इलाज के सिलसिले में कई सायकियाट्रिस्ट से मिला हूँ, उनसे ही जानकारी मिली है," पांडेय ने कहा।

अभी तक मैं पांडेय को हल्के में ले रहा था जैसे कि हर नेता को लेता हूँ, फिर भले ही वह ट्रेड यूनियन लीडर ही क्यों न हो, मगर अब मैंने उसे गम्भीरता से लेना शुरू कर दिया है।"

"मगर पांडेय जी, यह मर्ज तो बढ़ता ही जाता है, जरूरी नहीं है कि यह हमेशा 15 दिन तक ही रहे, यह बढ़ सकता है," मित्र ने कहा।

"सर, यही तो दिक्कत है, अभी देवीशंकर की बीमारी पाक्षिक है मगर यदि उन्हें नौकरी से निकाल दिया गया तो उन्हें जबरदस्त धक्का लगेगा और यह आशंका है कि उनकी पीरियाडिसिटी खत्म हो जाए और वह पूरी तरह से पागलपन की चपेट में आ जाएँ।" पांडेय ने एक कागज में एक लाइन खींची और लाइन के बीचोबीच कलम रखकर कहा, "देखिए देवीशंकर अभी यहाँ खड़े हैं, वे यहाँ से पीछे इधर भी जा सकते हैं," बाईं तरफ इशारा किया, "यानी वे ठीक भी हो सकते हैं। वे आगे भी जा सकते हैं।" दाईं ओर को इशारा किया, "यानी, उनकी स्थिति और भी खराब हो सकती है और वे पूरी तरह से पागलपन की गिरफ्त में आ सकते हैं। अब यह आप पर है कि आप क्या चाहते हैं।"

पांडेय की बातें सुनकर हम सभी सन्न रह गए। थोड़ी देर तक हमारे बीच सन्नाटा छाया रहा, फिर मित्र ने कहा, "अब तो सारा दारोमदार प्रिंसिपल साहब पर है, वे जैसा चाहेंगे वैसा ही होगा।"

"सर, मैं कोई आपसे बाहर थोड़ी हूँ," प्रिंसिपल ने कहा।

"और मंत्री जी का क्या होगा?" मैंने प्रिंसिपल से कहा।

"सर, आप पहले हैं कि मंत्री जी? मंत्री जी तो आज हैं, कल नहीं, आपका-हमारा तो हमेशा का सम्बन्ध है, वैसे आप लोगों को एक गोपनीय बात बताएँ, मंत्री जी आजकल परेशान हैं," प्रिंसिपल ने आखिरी वाक्य फुसफुसाकर कहा।

"क्या हुआ मंत्री जी को?" मित्र ने पूछा।

"उनके खिलाफ किसी ने लोकायुक्त के यहाँ आय से अधिक सम्पत्ति की शिकायत की है और लोकायुक्त ने उस शिकायत को सही पाया है। लोकायुक्त ने अपनी जाँच मुख्यमंत्री और गवर्नर को भेज दी है, मुख्यमंत्री जी मंत्री जी से पहले से ही खुन्नस खाए बैठे हैं, बहुत सम्भव है मंत्री जी कैबिनेट से हटा दिए जाएँ," प्रिंसिपल ने बताया।

"आपके मुँह में घी शक्कर," मित्र ने प्रतिक्रिया दी।

"तो देवीशंकर का हित इसी बात में है कि मंत्री जी इसी तरह फँसे रहें," मैंने कहा।

"एग्जैक्टिली," मित्र ने कहा।

"हाँ, मगर मंत्री बड़ा मदारी है, ले-देकर मामला निपटा लेगा," पांडेय ने कहा।

"अच्छा ऐसा करते हैं कि हम इस जाँच को काग्निजेन्स में ही नहीं लेते हैं, यह मान लेते हैं कि हमने कोई जाँच ही नहीं की है," मैंने थोड़ा इन्तजार कर प्रिंसिपल की तरफ देखकर पूछा, "आपका क्या विचार है?"

"ठीक है, सर, आपका आदेश सर-माथे, पर देवीशंकर को निकालने में मुझे कोई इन्ट्रेस्ट नहीं है, यह तो मैं मंत्री जी के दबाव में कह रहा था।"

"यह कैसे सम्भव है कि जाँच का संज्ञान न लिया जाए," प्रिंसिपल ने पूछा।

"यदि आप चाहेंगे तो सम्भव है," मित्र ने कहा।

"कैसे?" प्रिंसिपल।

"आखिर जाँच में हम चार लोग ही तो हैं, मेरा तो प्रस्ताव ही है, सिंह साहब (मेरी तरफ इशारा करके कहा) को इस पूरे प्रकरण से कुछ लेना-देना नहीं है। पांडेय जी देवीशंकर के पक्ष में हैं ही, आप ही रह गए हैं," मित्र ने कहा।

"क्या ऐसा सम्भव है?"

"बिलकुल सम्भव है यदि आप चाहें तो," मित्र ने कहा।

"जाँच तो हमें करनी ही पड़ेगी। फाइल को भी तो पूरी करना है," प्रिंसिपल।

"हम फिर से जाँच कर लेंगे और अबकी जाँच कृष्ण पक्ष में करेंगे न कि शुक्ल पक्ष में," मित्र ने कहा।

"ठीक है सर, आपका जैसा आदेश," प्रिंसिपल ने कहा।

"आदेश नहीं अनुरोध," मित्र ने कहा।

"सर आपका अनुरोध भी मेरे लिए आदेश ही है, मगर मंत्री जी का क्या किया जाएगा," प्रिंसिपल ने आशंका जताई।

"मंत्री जी की बाद में देखी जाएगी। शायद उनके साथ जल्द ही पोयटिक जस्टिस होने वाला है," मित्र ने कहा।

"क्या मतलब?"

"मुख्यमंत्री जल्द ही उन्हें कैबिनेट से बर्खास्त करने वाले हैं," मित्र ने कहा।

अन्त में यह तय हुआ कि पूरे मामले को फिलहाल ठंडे बस्ते में डाल दिया जाए और जैसी परिस्थिति होगी देखा जाएगा।

3

मैं कचहरी में अपने मुवक्किलों से घिरे होने के कारण देर तक अपना मोबाइल चेक नहीं कर पाया। मैं अपना मोबाइल साइलेंट मोड पर रखता हूँ क्योंकि मैं कोर्ट में पहुँचने के पहले मोबाइल स्विच ऑफ करना भूल जाता हूँ और कई बार कोर्ट रूम में ही मोबाइल बज गया और मुझे इस कारण बुरी तरह लताड़ा गया। तब से मैं अपना मोबाइल हमेशा साइलेंट मोड में ही रखता हूँ। मेरे मोबाइल में मित्र की तीन काल पड़ी थीं। मैंने चैम्बर से निकलकर एकान्त में बात की। मित्र ने कहा, "अभी-अभी मंत्री का फोन आया था।"

"क्या कह रहा था?"

"वह कह रहा था तुमने मौर्य को निलम्बित किया ठीक किया, मगर अब आगे की कार्यवाही भी करो।"

"तो आपने क्या कहा?"

मैंने कहा, "जाँच कर रहा हूँ, तो मंत्री ने कहा—जाँच तो तुम कर चुके हो। इसका मतलब हममें से किसी ने मंत्री को जाँच के बारे में बताया है," मित्र ने कहा।

"इसका मतलब हममें से कोई मंत्री का गुप्तचर है।"

"नहीं जरूरी नहीं है, स्टाफ में से किसी ने बताया होगा।"

"मगर मंत्री की क्यों परवाह कर रहे हैं, मंत्री तो बर्खास्त होने वाला है," मित्र।

"सुबह का अखबार नहीं देखा क्या?"—मित्र।

"कोई खास बात?"

"मंत्री को मुख्यमंत्री ने पी.डब्लू.डी. भी दे दिया है," मित्र ने बताया।

"मगर यह कैसे हो गया?"

"पांडेय जी बता रहे थे, मुख्यमंत्री ने मंत्री को बर्खास्त कर दिया था, मगर उसी समय मंत्री ने पहुँचकर मुख्यमंत्री को मोटी रकम पार्टी चन्दे के रूप में दी तथा पार्टी के एक गरीब कैंडीडेट का चुनाव खर्च उठाने का बीड़ा उठाया," मित्र ने बताया।

"तब क्या किया जा सकता है?"

"अब मंत्री के साथ पोयटिक जस्टिस नहीं हुआ, मगर मुझे पूरा विश्वास है कि देवीशंकर मौर्य के साथ जस्टिस होगा, मुझे कोर्ट पर पूरा विश्वास है। केस तैयार कीजिए, कोर्ट से मर्सी अपील की जाएगी।"

मर्सी अपील जिन्दाबाद!

सुनामी

यह प्रकृति का तांडव था। सुनामी सब बहा ले गई थी, खेत, पेड़, बस्ती और टप्पर। जबरदस्त बरबादी का आलम था, चारों तरफ लाशें, गिरे हुए पेड़ और चारों ओर पानी ही पानी दिखाई पड़ रहा था। ऐसा लग रहा था प्रलय का आगाज हो। एक मारुति कार पेड़ पर फँसी थी जिसमें एक आदमी दबा पड़ा था, पेड़ पर पेड़ गिर गया था। चारों ओर बदबू का साम्राज्य था। हम सबने बदबू के कारण नाक दबा रखी थी।

'नागपट्टिनम के समुद्र तट पर स्थित और इलाके के खासे प्रतिष्ठित चर्च बेसिलिका ऑफ वेलकनी को मदर मेरी के नाम पर मछुवारों की समुद्र से रक्षा के लिए बनाया गया था। यहाँ मदर मेरी को सेहत और जिन्दगी की देवी के तौर पर पूजा जाता है। मगर मदर मेरी न तो मछुवारों की रक्षा कर पाई और न चर्च की, सुनामी उन पर भारी पड़ा। यह सुनामी क्या था, प्रकृति का मनुष्य के विरुद्ध युद्ध था।' मैं मन ही मन सोच रहा था।

दुनिया का दूसरा सबसे लम्बा समुद्री किनारा मरीना बीच चेन्नई के समाज की जीवनरेखा है। यहाँ तड़के चार बजे से चहल-पहल शुरू हो जाती है। सबसे पहले पहुँचते हैं सुबह की सैर और हवाखोरी करने वाले, जिनमें ज्यादातर बूढ़े और बीमार होते हैं। थोड़ा दिन चढ़ने पर बच्चे और लड़के क्रिकेट, फुटबॉल, वालीबॉल खेलने आ जाते हैं और दिन चढ़ने के साथ परिवार के परिवार और पर्यटक ठंडी रेत पर चैन फरमाने पहुँच जाते हैं। अधेड़ महिलाएँ हवाखोरी करने आए पतियों को तलाश रही होती हैं। गुब्बारों के पीछे भागते बच्चे, ठंडी बालू पर सनबाथ लेते अर्द्धनग्न विदेशी सैलानी, किनारे उठती-गिरती समुद्र की उत्तुंग तरंगों का आनन्द उठाते, तथा पैर के नीचे की जमीन खिसकना, मुहावरे को

महसूस करते विदेशी सैलानी—ऊपर को उठती समुद्र की लहर जब वापस होती है तो अपने साथ पैर के नीचे की बालू को भी ले जाती है तब बिलकुल ऐसा महसूस होता है, गोया पैर के नीचे की जमीन खिसक रही हो। थोड़ी ही देर में पूरा बीच जीवन राग से भर जाता है।

यह महज संयोग नहीं था कि जिस समय सुनामी आया था हमारी टीम पास के होटल में रुकी थी। दरअसल आसपास के क्षेत्र में जो श्रीलंका में पड़ता था और क्रो-फ्लाई से इस क्षेत्र से जुड़ा था, एक दिन पहले ही जबरदस्त तूफान आया था जिसमें हमारे एन.जी.ओ. को यूनाइटेड नेशनल रिलीफ फंड की तरफ से श्रीलंका में राहत कार्य के लिए भेजा गया था। इसीलिए तूफान आने और तूफान शान्त हो जाने के मात्र चार घंटे के भीतर हम घटना-स्थल पर कार द्वारा पहुँच गए थे। यदि तूफान की वजह से बॉर्डर पर रहने वाले प्रहरियों का टप्पर भी न उड़ गया होता तो हम इतनी जल्दी यहाँ नहीं पहुँच सकते थे। तूफान ने उन्हें अपनी जगह से भाग जाने के लिए मजबूर कर दिया था इसलिए हमारे लिए वहाँ तक पहुँचना आसान हो गया था, वर्ना चार घंटे तो सिर्फ पारगमन कार्यवाही में ही लग जाते। अब तक जिला प्रशासन के आला अफसर नहीं पहुँचे थे। तहसीलदारनुमा एक अफसर और हलके का थानेदार अपने कारिन्दों के साथ अपनी तरह से आपदा प्रबन्धन में लगा था। उन दोनों को यह समझ में नहीं आ रहा था कि हम लोग कहाँ से आए हैं? वे थोड़ी देर तक हमें आश्चर्य से देखते रहे फिर हमारे साथ काम में लग गए, यह जानकर कि हो न हो हम सरकार के बड़े हाकिम हैं और हमें राजधानी से आपदा प्रबन्धन के लिए भेजा गया है।

"बड़ी तबाही मचाई है धरती माँ ने," मुरलीधरन ने कहा। मुरलीधरन पड़ोसी जिले में अध्यापक थे और इस तरह की तबाही में कार्य करने का उन्हें अच्छा अनुभव था। मेरे बुलावे पर वे आए थे और प्रबन्धन के कार्य में लगे हुए थे। "सताई हुई धरती अपनी तरह से बदला लेती है," मैंने बड़े सहज ढंग से कहा।

"क्या प्रकृति इतनी निष्ठुर हो सकती है?" मुरलीधरन ने कहा।

"प्रकृति न तो निष्ठुर होती है न करुण, यह बस होती है। प्रकृति के नियमों को बदला नहीं जा सकता है, ये शाश्वत होते हैं," प्रकृति पोसती है तो तबाही भी लाती है, मैंने समझाते हुए कहा।

"प्रकृति ने आदमी को उसकी औकात बताई," मुरलीधरन ने कहा, "तुम ठीक कहते हो, प्राकृतिक विपदा के समय ही इनसान को अपनी लाचारी और शक्तिहीनता का अहसास होता है, वर्ना वैसे तो मनुष्य प्रकृति विजय के अहंकार में डूबा रहता है। प्रकृति ने उद्घोष कर दिया है कि मैं सुप्रीम हूँ।"

हम लोग थोड़ी देर तक यूँ ही तबाही का आलम देखते रहे और रह-रहकर मुँह से चच्च–चच्च और 'ओह माई गॉड' शब्द निकालते रहे। "जस्ट सी, मरने वालों में सिर्फ आदमी ही हैं, पशु-पक्षी एकदम नगण्य हैं," मैंने मुरलीधरन से कहा।

"सर, दरअसल पशु-पक्षियों को तूफान आने से पहले इसका अन्दाजा लग जाता है," साथ चल रहे तहसीलदार ने सकुचाते हुए कहा। वह डर रहा था कि कहीं उसके जवाब देने से मैं बुरा न मान जाऊँ।

"मरने वालों में ज्यादातर सम्पन्न नजर आ रहे हैं, गरीब तबके के लोग, इक्का-दुक्का ही दिखाई पड़ रहे हैं।" मैंने पूछा यह दिखाने के लिए कि मैंने उसके जवाब देने से बुरा नहीं माना, उसकी ओर मुखातिब होकर कहा।

"सर, पशु-पक्षी की तरह आदिवासियों को भी तूफान आने का अहसास हो जाता है, वे बस्ती छोड़कर पहले ही चले जाते हैं, उनको बस्ती छोड़कर जाते देखकर आसपास के और लोग भी चले गए होंगे," तहसीलदार ने कहा।

"तो फिर ये कैसे मरे?" मैंने सामने पड़े शवों की तरफ इशारा करके पूछा।

वह मेरे प्रश्न को बरका गया। उसे शायद यह अहसास होने लगा कि वह कुछ ज्यादा ही बोल रहा है आला अफसर के सामने। 'कम बोलना चाहिए' शायद एकाएक उसे ऐसा अहसास हुआ हो। मैंने अपनी बात फिर दोहराई। साथ चल रहे थानेदार ने बताया, "सर, दरअसल कल रात में एक पार्टी चल रही थी, हम लोगों के बार-बार कहने पर भी होटल वाले होटल खाली नहीं करा पाए। तूफान बहुत तेज गति से आया। जब तक होटल खाली होता, तब तक वह गिर गया। साहब, बड़े लोगों की पार्टी थी, हम कुछ जबरदस्ती भी नहीं कर सकते थे।"

थानेदार ने अपनी टूटी-फूटी अंग्रेजी में बताया।

"तुम्हें इसे खाली कराने के लिए जबरदस्ती करनी चाहिए थी, यह तुम्हारा फर्ज बनता था," मैंने कहा।

थानेदार ने चुप्पी लगाना ही उपयुक्त समझा।

"प्रशासन का अन्य कोई अधिकारी दिखाई नहीं पड़ रहा है?" मैंने प्रश्न किया।

"सर, कल कमिश्नर साहब के घर एक पार्टी थी, सभी अधिकारी वहीं गए हुए थे," थानेदार ने बताया।

"सूचना तो पहुँच गई होगी," मैंने पूछा।

"सर, यहाँ के सारे टेलीफोन टॉवर तो गिर गए हैं, पचास कि.मी. दूर तक इसका प्रभाव रहा है, उसके आगे एक स्थान पर टेलीफोन काम कर रहा था, उससे मैसेज दे दिया गया है," तहसीलदार ने रुक-रुककर सकपकाई आवाज में बताया।

"इन्हें सुनामी क्यों कहते हैं, इन्हें तो बदनामी लहरें कहना चाहिए," मुरलीधरन ने थोड़ा मजाक के लहजे में कहा। मैंने मुरलीधरन की तरफ थोड़ा तल्ख अन्दाज में देखा पर मुँह से कुछ नहीं कहा, मुरलीधरन सकपका गया। वह शायद मेरी मंशा समझ गया था। मैं कहना चाहता था कि ऐसे विकट संकट के मौके पर इस तरह का हल्का मजाक मुनासिब नहीं होता। यह मृतात्माओं का मजाक उड़ाना होता है।

मुरलीधरन एकदम गुमसुम हो गया जिस कारण वातावरण बोझिल हो गया। वातावरण के बोझिलपन को दूर करने एवं तनाव को समाप्त करने की गरज से मैंने मुरलीधरन से बातचीत जारी रखना उचित समझा, क्योंकि मेरा मानना है कि तनावग्रस्त अवस्था में आदमी का दिमाग ठीक से काम नहीं करता है। मैंने बातचीत शुरू करने की गरज से कहा, "सुनामी, जापानी भाषा का शब्द है, सु—यानी तट और नामी" यानी लहर से बना है यह शब्द जिसका अर्थ होता है तट पर पहुँचने वाली लहरों की शृंखला।"

"सुनामी आती क्यों है?" मुरलीधरन ने सिर्फ बात का सिलसिला जारी रखने की गरज से पूछा है, ऐसा मुझे उसके प्रश्न करने के अन्दाज से लगा। मगर मेरा तो फर्ज बनता है कि मैं उसका माकूल जवाब दूँ।

समुद्र के भीतर जब अचानक बड़ी तेजी से हलचल होने लगती है तो उसमें उफान उठता है जिससे ऐसी लम्बी और बहुत ऊँची लहरों का रेला उठना शुरू हो जाता है जो जबरदस्त आवेग के साथ बढ़ता है। इन्हीं लहरों के रेले को सुनामी कहते हैं। इनकी गति चार सौ कि.मी. प्रति घंटा तक और ऊँचाई दस से सत्रह मीटर तक होती है, यानी पानी की चलती-फिरती दीवार।

तूफान ने चारों तरफ तबाही मचाई थी, किनारे पर एक इमारत के ध्वंसावशेष बिखरे थे जिसमें कई हताहत उलझे पड़े थे, इन हताहतों में कई औंधे मुँह पड़े थे।

"देखिए सर, वह पैर हिला रहा है, शायद वह होश में आ रहा है," तहसीलदार ने कहा। हम लोग उसकी तरफ लपके। उसकी नाड़ी टटोली गई तो वाकई उसमें जीवन के लक्षण नजर आए। मैंने तहसीलदार से कहा, "इसे तुरन्त हॉस्पिटल पहुँचाओ।"

"सर, इसे अकेले क्यों? ऐसे बहुत से लोग हो सकते हैं जिनमें जीवन के लक्षण हो सकते हैं। इसलिए पहले सबको एक बार चेक कर लिया जाए। जिनमें जरा भी जीवन के लक्षण हों, उन्हें पहले हॉस्पिटल पहुँचाया जाए, फिर जो मर गए हैं, उनकी लाश को पोस्टमार्टम के लिए भेजा जाए।" तहसीलदार ने सकुचाते हुए अपनी राय दी। मुझे तहसीलदार की राय जँची और मैंने अपनी सहमति दे दी।

जो पैर हिल रहा था, वह एक तेईस-चौबीस साल की लड़की का था। उससे थोड़ी दूरी पर पचास-बावन साल का अधेड़ आदमी था। उसका चेहरा बहुत क्षत-विक्षत हो गया था जिसके कारण वह बहुत बीभत्स लग रहा था। मैंने चेहरे से नजर हटा ली। उनसे थोड़ा हटकर एक पैंतालीस साल की महिला औंधी पड़ी थी। उन्हें देखकर यह आसानी से अन्दाजा लगाया जा सकता था कि ये तीनों एक ही परिवार के सदस्य हैं। मैंने औंधी पड़ी महिला के शरीर को जैसे ही पलटा मैं उसके चेहरे को देखकर अवाक् रह गया।

"यह तो एकदम पहचाना चेहरा है, एकदम अपना सा, लगातार खूब देखा सा, क्या नाम है? मैं दिमाग पर जोर डालता हूँ, मगर नाम नहीं याद आता। क्या मेरी स्मृति इतनी कमजोर हो गई है? क्या मैं बूढ़ा हो गया हूँ?

उसी समय तहसीलदार ने उसकी नाड़ी छुई और फुसफुसाकर कहा, "यह भी जिन्दा है, इसे तुरन्त हॉस्पिटल पहुँचाओ," मैंने कहा, फिर मैंने अपने को करेक्ट किया सभी जिन्दा शरीर को जल्द से जल्द हॉस्पिटल पहुँचाने की व्यवस्था करो ताकि सभी मरीज बच जाएँ। उसी समय एम्बुलेन्स आ गई। जल्दी में मैंने स्वयं ही महिला के शरीर को स्ट्रेचर पर रखकर एम्बुलेन्स पर पहुँचाया। सभी घायल जल्द ही हॉस्पिटल पहुँच गए और तुरन्त उनका इलाज शुरू हो गया।

मैंने दिमाग को यूँ निर्विकल्प अवस्था में छोड़ दिया ताकि दिमाग की उत्तेजना कम हो जाए। किसी चीज को याद करने के लिए स्मृति और नाम-रूप के बीच सामंजस्य की जरूरत होती है और उत्तेजना के अतिरेक के कारण यह सामंजस्य नहीं हो पाता है। थोड़ी देर में जब दिमाग की उत्तेजना कम हुई

तो नाम याद आया। एक समय जो नाम हमेशा मेरी जुबान पर रहता था, उसे ही भूल गया। यह तो अपनी गल्प है, गल्प। गल्प जो गप्प बहुत हाँकती थी, बहुत बतियाती थी, कभी चुप नहीं बैठती थी, एक से एक लंतरानी हाँकती थी, जिस कारण उसे गप्पी कहा जाता था। मैंने उसका तत्सम करते हुए उसे गप्पी से गल्प कर दिया था।

गल्प को देखते ही मेरे अन्तस्थल में हिलोरें उठने लगीं, उत्ताल तरंगें मेरे दिल को उछालने और गिराने लगीं, मेरे अन्दर एक सुनामी उठने लगी। चार सौ कि.मी. प्रति घंटा की गति से और दस कि.मी. की ऊँचाई से ज्यादा उठने वाली सुनामी मेरे अन्दर प्रवेश कर चुकी थी। फर्क सिर्फ इतना था कि समुद्र में सुनामी तट पर उठता है, जबकि मेरे अन्दर सुनामी हृदय के सबसे अन्दरूनी भाग से उठी थी। इस सुनामी ने मुझे दो दशक पीछे को फेंका। गप्पी मेरा पहला प्यार थी, और पहले प्यार की ताजगी और सुगन्ध अभी भी बरकरार थी।

2

उस समय देश बहुत ही विकट स्थिति से गुजर रहा था, पूरे देश में तनाव और पस्ती का आलम था। नक्सलवादी आन्दोलन को विफल हुए ज्यादा दिन नहीं हुए थे। जिस क्रूरता और हिंसा द्वारा नक्सलवादी आन्दोलन से निपटा गया उसके विरुद्ध सारे देश में भीषण आक्रोश था, मगर यह आक्रोश अदृश्य रूप में था। सारा देश भीतर ही भीतर सुलग रहा था। सारे देश में इस आन्दोलन की विफलता की कसक महसूस की गई थी। देश के अग्रणी बुद्धिजीवियों और नौजवानों ने इस आन्दोलन में हिस्सा लिया था और उन्हें आन्दोलन से बहुत आशाएँ थीं। यद्यपि नक्सलवादी आन्दोलन विफल हो गया था, मगर उसकी नैतिक शक्ति बाकी थी और नक्सलवादी होने का अर्थ गरीबों और मजबूरों का दोस्त, सरकारी व्यवस्था और जन-विरोधी ताकतों का दुश्मन होना हुआ करता था। इसलिए जब यह आन्दोलन विफल हो गया तो सारा देश एक हाइबरनेशन में चला गया।

मेरे चाचा नक्सलवादी आन्दोलन में शरीक हुए थे और कई साल तक अंडर ट्रायल के रूप में जेल काटने के बाद छूटकर घर आए थे। वे अकसर निराशा की अतल गहराइयों में चले जाते थे और खूब शराब पी लेते और तब

वे पिताजी को खूब गाली बकते। चाचा की गालियाँ भी अलग किस्म की होतीं। वे पिताजी को रिवीजनिस्ट (संशोधनवादी), रिएक्शनरी (प्रतिक्रियावादी) और पेटी बुर्जुआ कहते। उस समय किसी कम्युनिस्ट को रिवीजनिस्ट और बुर्जुआ की गाली, माँ-बहिन की गाली से ज्यादा ठोस गाली थी। पिताजी ने अपनी कायरतावश नक्सली आन्दोलन से नाता तोड़कर सी.पी.आई. (कम्युनिस्ट पार्टी ऑफ इंडिया) ज्वाइन कर ली थी। सी.पी.आई. उस समय शासक दल (इन्दिरा कांग्रेस) को अपना समर्थन दे रही थी। पिताजी चुन-चुनकर अपने राजनीतिक प्रतिद्वन्द्वियों को जेल भेजकर आत्मतुष्टि महसूस कर रहे थे।

एक दिन जब मैं घर में घुस रहा था, मैंने सुना पिताजी, चाचा से कह रहे थे, "नन्हे, इतनी दारू न पिया करो, सेहत खराब होती है, बच्चों पर बुरा असर पड़ता है।" फिर क्या था? चाचाजी पिताजी पर फट पड़े, "यू पेटी बुर्जुआ, तुम क्या जानो मैं क्यों पीता हूँ। तुम रिवीजनिस्ट हो, तुम्हें क्या पता मेरे दिल पर क्या बीत रही है। तुमने युद्ध में हारे हुए सिपाही को देखा है मैंने भी इस देश के लिए, देश की जनता के लिए लड़ाई लड़ी है। बस फर्क यह है कि सैनिक सीमा पर युद्ध करता है, मैंने सीमा के भीतर युद्ध किया था।" चाचा हाँफने लगे तो थोड़ी देर चुप रहे और फिर कहना शुरू किया, "एक सुन्दर समाज का सपना था, वह तो टूटा ही, ऊपर से जेल और यातना झेलनी पड़ी। शराब पीने से सेहत खराब होती है, मुझे नहीं पता, तुम बताओगे तभी हमें पता चलेगा। अरे, सेहत लेकर क्या करोगे, जब जीवन जीने की चाहत ही नहीं।" चाचा थोड़ी देर तक चुप रहे और पिताजी की तरफ देखने लगे। पिताजी चुपचाप सिर्फ टुकुर-टुकुर ताकते रहे। उन्होंने कोई प्रतिक्रिया नहीं व्यक्त की। शायद वे अपराधबोध से ग्रस्त थे। चाचा ने फिर बिगड़ना शुरू किया, "बच्चों पर बुरा असर पड़ता है, बड़े आए बतियाने वाले। कभी तुमने सोचा है कि तुमने जो किया है उसका पूरे देश पर क्या असर पड़ा है। कभी सोचा तुमने जो किया है उसका बच्चों पर क्या असर पड़ेगा, जब उन्हें मालूम होगा कि तुमने अपने दल को धता बतला दिया था, जबकि उसे तुम्हारी सबसे ज्यादा जरूरत थी। यू चीट रिवीजनिस्ट।"

हमारा परिवार उस समय आर्थिक संकट से गुजर रहा था। पिताजी एक अखबार में संपादक थे। शुरू के अपने नक्सलवादी रुझान के कारण तथा अखबारों में अपनी नक्सलवादी टिप्पणियों के कारण उन्हें अखबार से निकाल दिया गया था। ऐसा नहीं था कि अखबार से पिताजी को एक झटके में निकाल

दिया गया हो, उन्हें कई बार चेतावनी दी गई, नोटिस भी दी गई, मगर वे अपनी विचारधारा से समझौता करने को तैयार नहीं थे। विचारधारा को वे अपनी माँ की तरह मानते थे, जैसे माँ को नहीं छोड़ा जा सकता, उसी प्रकार विचारधारा को भी नहीं छोड़ा जा सकता। अखबार से निकाले जाने के कारण कुछ दिन तक वे फ्री लांसर के रूप में अखबारों में लेख लिखने लगे, जिससे उन्हें कुछ आर्थिक लाभ हो जाता। मगर इस दौर में अखबारों पर प्रतिबन्ध के कारण उनके लेख छपने भी बन्द हो गए। चाचाजी पिताजी को हमेशा ताना मारते, "नक्सलवाद छोड़ना था तो उसी समय छोड़ देते तो कम से कम अखबार की नौकरी तो बची रहती, दद्दा तुम्हें न तो खुदा मिला न विसाले सनम।"

पिताजी कहते, "नन्हे, मैं तुम्हारी चारित्रिक दृढ़ता को नहीं पा सकता, मुझमें शारीरिक प्रताड़ना सहने की क्षमता नहीं है। मैं पुलिस की प्रताड़ना के आगे झुक जाता, यह सब मैं अपने बारे में अच्छी तरह से जानता था।" और फिर पिताजी आत्मग्लानि और अपराधबोध में डूब जाते।

जहाँ आर्थिक अभाव होगा, वहाँ अशान्ति अवश्यम्भावी है। घर में हमेशा अशान्ति का महौल रहता, चाचाजी और पिताजी में ही नहीं पिताजी और हम भाइयों के बीच में या हम भाइयों में आपस में लड़ाई होती रहती। मगर चाचा से हमारी लड़ाई बिलकुल भी नहीं होती। चाचा हमारी बड़ी से बड़ी बात बरका जाते। मेरा मन घर में बिलकुल भी नहीं लगता। मैं ज्यादा से ज्यादा समय घर से बाहर रहता, पढ़ाई भी पार्कों या बागों में करता। मैं हमेशा एकाकी, उदास और बेगाना रहता, मेरे जीवन में रस नहीं रह गया था। मैं सिर्फ समय को धक्का दे रहा था। ठीक ऐसे समय वह गप्पी मेरे जीवन में 'मौसमे बहार' की तरह आई।

ज्यादा से ज्यादा घर से बाहर रहने की रणनीति के तहत मैं सुबह-शाम नियमित रूप से टहलने जाता, मेरा समवयस्क मेरा पड़ोसी ऋषिकुमार भी मेरे साथ जाता। एक दिन एक षोडशी भी ऋषिकुमार के साथ टहलने के लिए आई थी। ऋषिकुमार ने बिना मेरे पूछे ही परिचय कराया, "छुटन, यह मालविका है, मेरी कजिन।" फिर मालविका की तरफ देखकर कहा, "मालविका, मेरे अजीज दोस्त निखिल चट्टोपाध्याय।" वह हल्का सा मुस्कराई। वह दरम्याने कद, गेहुँआ रंग, तीखे नैन-नक्श, गदराए शरीर, जबरदस्त नमक और बिन्दास अन्दाज वाली लड़की थी। उसकी चाल में जबरदस्त आत्मविश्वास और मस्ती थी।

"मेरे चाचाजी का स्थानान्तरण पौड़ी से इलाहाबाद हो गया है, इसलिए मालविका इलाहाबाद विश्वविद्यालय में एडमिशन लेगी," ऋषिकुमार ने सूचित किया।

"यानी यह मुझसे एक क्लास नीचे रहेगी," मैंने मन ही मन सोचा।

उस दिन रास्ते-भर मालविका-ऋषिकुमार ही बोलते रहे, उसमें भी मालविका ही ज्यादा बोल रही थी। एक से एक किस्से सुना रही थी। उसका दिमाग न था किस्सों की पिटारी थी।

हम लोग पौन घंटे टहले होंगे, उतनी देर में ही उसने लगभग आधा दर्जन किस्से सुना दिए। ऋषिकुमार बीच-बीच में उसके किस्सों में लँगड़ी मार रहा था। मुझसे रहा नहीं गया, मैंने पूछ ही लिया, "आपके पास इतने किस्से आते कहाँ से हैं?"

"अरे इसके चक्कर में मत पड़ना, इसके सारे किस्से झूठे होते हैं, यह महा गप्पी है, गप्पी," ऋषिकुमार ने छेड़ने के अन्दाज में कहा।

"दादा, तुमने मुझे गप्पी कहा।"

"कहा नहीं तुम गप्पी हो।"

"मैं गप्प मारती हूँ, चलो अब मैं नहीं बोलूँगी," मालविका कुछ देर तक चुप रही।

"तुम बुरा मान गईं क्या गप्पी?" ऋषिकुमार ने पूछा।

मालविका नहीं बोली।

कुछ अन्तराल के बाद ऋषिकुमार ने फिर प्रश्न किया, "तुम बुरा मान गईं क्या गप्पी?"

मालविका फिर भी चुप रही।

चन्द सेकेंड बाद ऋषिकुमार ने फिर पूछा, "मालविका, तुम बुरा मान गईं क्या?"

"यस।"

"क्यों?"

"क्योंकि मेरा नाम गप्पी नहीं, मालविका है।"

"मेरी तरफ से तुम्हारा नाम गप्पी है।"

"मैं कोई रिस्पांस नहीं करूँगी।"

"तुम रिस्पांस करो न करो, मगर मैं तुम्हें इसी नाम से बुलाऊँगा?"

"आखिर क्यों?"

"क्योंकि ये नाम मुझे बहुत अच्छा लगता है।"

"काफी रास्ता इसी चकल्लस में कट गया। मैं सिर्फ उन्हें सुनता रहा। मालविका थोड़ी देर चुप रही मगर जल्द ही सामान्य हो गई और लम्बी-लम्बी हाँकने लगी। क्योंकि बकौल ऋषिकुमार मालविका बिना बोले रह ही नहीं सकती थी। बिना बोले उसे उदरशूल होने लगता है।"

उस दिन का हमारा टहलना यूँ समाप्त हुआ और यह मेरी गप्पी से पहली मुलाकात थी। गप्पी न सिर्फ मेरा पहला प्यार थी बल्कि यह 'फर्स्ट साइट लव' पहली नजर का प्यार या देखते ही प्यार हो जाना था। पहली नजर में ही मुझे लगने लगा था कि यह मेरे लिए ही बनी है। मैंने चलते समय ऋषिकुमार से पूछा, "कल टहलने चलोगे या नहीं।"

"जब जाना होगा, मैं खुद आ जाऊँगा।"

"महिला की हालत में सुधार तो हो रहा है, मगर होश अभी भी नहीं आया है," मुरलीधरन ने सूचित किया।

"गुड," मैं थोड़ी देर के लिए वर्तमान में आया और तुरन्त ही अतीत में गोते लगाने लगा।

3

एक दिन मैं यूनिवर्सिटी रोड पर चाय की दुकान में अपने दोस्तों के साथ अड्डेबाजी कर रहा था कि सामने से मुझे साइकिल से गप्पी आती दिखी। अपने को इस अवस्था में पकड़े जाते देखकर मैं बहुत झेंपा। उसने मेरी तरफ देखा, मगर मैं नजर बरका गया। शायद गप्पी ने एडमिशन ले लिया था और अब उसके इस सड़क पर मुलाकात होने की बहुत सम्भावना है। अत: मैंने यह संकल्प किया कि अब कभी भी अड्डेबाजी नहीं करूँगा। फिर मैंने अपनी टाइमिंग्स को इस तरह से सेट किया कि हमारी इस सड़क पर मुलाकात हो जाए। यह कोई मुश्किल बात नहीं थी, क्योंकि जब उसकी क्लास खत्म होती थी और वह उस रास्ते से गुजरती थी, उस समय मेरा ऑफ पीरियड होता था और उसके बाद मेरा संस्कृत का पीरियड होता था। चुनाँचे हम लोग एक-दूसरे को दिख जाते और एक-दूसरे

को देखकर मुस्कराते। कुछ दिनों तक हमारा यह प्यार देखा-देखी तक ही था। फिर मैंने हिम्मत करके साइकिल से उसका पीछा किया और एकान्त स्थान पाकर अपने मन की बात कह दी। वह कुछ न बोली। मैंने उसे मौन स्वीकार लक्षण माना और लगा रहा। उसका रिस्पांस भी पॉजिटिव ही था। मैं थोड़ी दूर तक उसके साथ जाता और फिर वापस आकर संस्कृत की क्लास अटेंड करता। कई बार मैं संस्कृत क्लास छोड़ भी देता। मगर ऐसा कैसे चलने वाला था, रोज क्लास छोड़ी नहीं जा सकती थी, अतः हम मिलने का समय और स्थान बदलते रहे। हमारा प्यार पेंगें मार रहा था।

यह हमारा पहला प्यार था, पहले प्यार की पाकीजगी के साथ पहले प्यार का खुमार भी था। प्यार को लेकर हमारे मन में तमाम रोमैन्टिक इमैजिनेशन थी, इसलिए इस प्यार में एक फिल्मीपन भी था। इसलिए इस प्यार का और बखान करके मैं इस प्रसंग को फिल्मी नहीं बनाना चाहता। मगर इतना जरूर कहना चाहूँगा कि यह प्यार एक हूक की तरह मेरे भीतर उठता रहता है जैसे समुद्र में सुनामी। आज भी 'मालविका' या 'गप्पी' या 'गल्प' शब्द मेरे मन में झुरझुरी पैदा कर देतें हैं।

मगर मेरे जीवन में ऐसा वाकिया हुआ कि मेरे प्यार की भ्रूण हत्या हो गई। इसने मेरा सब कुछ छीन लिया—मेरी जन्मभूमि, मेरी शिक्षा, मेरा कैरियर और सबसे बढ़कर मेरा प्यार। हुआ यह कि शासक दल और पिताजी के दल के बीच दोस्ती खल की मैत्री की तरह ज्यादा दिन नहीं चल पाई और किसी मसले को लेकर दोनों में इतना मतभेद बढ़ गया कि शासक दल ने अपने मित्र दल के नेताओं को भी जेल का रास्ता दिखाना शुरू कर दिया। और तब डरकर एक रात पिताजी सपरिवार पश्चिम बंगाल, जहाँ उनकी ससुराल थी, चुपचाप शिफ्ट कर गए। मुझे इतना भी मौका नहीं गिला कि मैं अपने मित्रों को कुछ बता सकूँ। गप्पी को भी कुछ नहीं बता सका। उसका न तो मुझे पता मालूम था और न ही टेलीफोन, क्योंकि टेलीफोन पर हम बातें नहीं करते थे। मैं उनके घर का रास्ता तो जानता था, और एकाध बार उसके घर गया भी था, मगर उसका पोस्टल एड्रेस मुझे नहीं पता था। इसलिए उसके बारे में सालों कुछ भी पता नहीं चला। बहुत बाद में पता चला कि उसकी शादी दक्षिण में कहीं हुई है और उसका पति किसी विभाग में ऑल इंडिया सर्विसेज में था। मैंने इस बीच किसी तरह जाधवपुर विश्वविद्यालय से बी.ए. किया। फिर समाजशास्त्र से एम.ए. किया। तब हमारी परिस्थितियाँ

थोड़ी ठीक हो गई थीं, जीवन भी स्थिर हो गया था। मैंने थोड़ी मेहनत की, एम.ए. फर्स्ट क्लास से किया। थोड़े दिन की बेरोजगारी के बाद मुझे यूनाइटेड नेशन्स रिलीफ फंड में क्लर्क की नौकरी मिल गई और मेहनत करके मैं इस ऊँचाई तक पहुँचा।

सुनामी पूरी तरह से शान्त हो चुका है। प्रभावित लोगों के नुकसान का आकलन और उसकी भरपाई हो चुकी है। मगर मेरे अन्दर जो सुनामी घटित हो रहा है उसका कोई आकलन नहीं हुआ है और उसकी भरपाई होना तो असम्भव है।

डांस इंडिया डांस

"बाबू, आज हम बैंड पार्टी में न जाइब," बिरजू ने सहमते हुए अपने बैंड मास्टर पिता से कहा।

"काहे बे?" बैंड मास्टर ने तैश में पूछा।

"आज हमें एक जरूरी काम है," बिरजू ने धीमे-धीमे डरते हुए कहा।

"कौन-सा जरूरी काम है, हमउ तो जानी, बड़ा कामकाजी बना है ससुरा। शादी का सीजन चल रहा है, यही तो कमाई के दिन हैं। चार दिन में जो कुछ कमाना होय कमाय लो फिर तो वही ठनठन गोपाल। बैठकर खाओ। तब निपटाना जरूरी काम," बैंड मास्टर गुस्से में एक ही साँस में बोल गए।

पिता के मना करने पर बिरजू एक कोने में मुँह लटकाकर खड़ा हो गया। बिरजू का इस तरह खड़ा होना बैंड मास्टर को अच्छा नहीं लगा। उसने बिगड़ते हुए कहा, "चल बे, काम पर लग जा, क्या मुँह बनाए खड़ा है? लगाई एक चटखना का?"

'बाप है या कसाई' बिरजू बुदबुदाया, 'बस हर समय मारने की धमकी, मन की कोई बात कहना भी पाप है, इनके राज में,' बिरजू बुदबुदाया।

"तुम न जाइबो तो डांस के करी और बिना डांस के कौन सी बैंड पार्टी। बिना डांस के कौन पूछता है हम लोगों को। डांस में ही तो कमाई होती है। डांस के समय ही तो लोग रुपया न्योछावर करते हैं। आजकल तो न्योछावर भर ही हाथ लगती है। बैंड पार्टी के मेहनताने से तो खर्च भी पूरा नहीं पड़ता। लोग मोल-तौल करके बैंड पार्टी इतने कम में करते हैं कि कमाई कुछ भी नहीं रह जाती। बड़ा कम्पटीशन है," बैंड मास्टर एक ही साँस में बोल गए जिस कारण वह हाँफने लगे। बैंड मास्टर लम्बी बातचीत के दौरान भाषा का घालमेल बहुत करते हैं,

देशज भाषा बोलते-बोलते खड़ी बोली बोलने लगते हैं और खड़ी बोली बोलते-बोलते एकाएक ठेठ देशज पर उतर आते हैं। बैंड मास्टर ने थोड़ा नरम होकर बोलना शुरू किया, "डांस से ही कमाई होना है और तुम कह रहे हो कि पार्टी में न जाबो, जाबो नय तो खाबो का? "डांसै तो सब कुछ है। हमारी बैंड पार्टी के डांस की चर्चा दूर-दराज तक फैली है। डांस की वजह से ही हमारी बैंड पार्टी जिले में नम्बर वन मानी जाती है। अब अगर पार्टी को डांस ही अच्छा नहीं मिलेगा तो जानते हो पार्टी क्या करेगी?" बैंड मास्टर ने बिरजू की तरफ देखकर पूछा।

बिरजू चुपचाप खड़ा रहा तो बैंड मास्टर ने फिर कहना शुरू किया, "मेरा सिर नोच डालेगी, सिर में एक बाल भी नहीं बचेगा।"

बिरजू फिर भी चुपचाप खड़ा रहा, गोया गूँगा हो। बैंड मास्टर ने सिफलाने के लहजे में कहा, "तू डांस करता भी बहुत कमाल का है, बिलकुल गोविन्दा की तरह। जब तू नागिन डांस करता है तो लोग रास्ते में रुककर देखने लगते हैं और जब डांस करते-करते सड़क पर लोट जाता है तो पूरा मजमा लग जाता है। रास्ता जाम हो जाता है। लोग पूछने लगते हैं कि किसकी बरात है और जब यह बताया जाता है कि फलाने की बरात है तो बरात के मुखिया की छाती चौड़ी हो जाती है, उसे और क्या चाहिए? यही न कि उसकी बरात की दूर-दूर तक चर्चा हो, तभी तो उसका मान बढ़ता है और वह दिल खोलकर पैसे लुटाता है," बैंड मास्टर एक साँस में ही बोल गए और बिरजू का जवाब जानने के लिए बिरजू की तरफ टुकुर-टुकुर देखने लगे।

बिरजू ने बड़े अनमने ढंग से कहा, "तो ठीक है, हम चलिबै बरात में।"

बिरजू की समस्या यह है कि अब इस तरह बरात में डांस करने में उसका कतई मन नहीं लगता। जब से उसके नाना कीनाराम ने उसे समझाया, "देख बेटा बिरजू, तुम इसे अपना कैरियर मत बनाओ। इसमें कोई भविष्य नहीं है। इस तरह से कूल्हे मटका-मटकाकर नाचने से सिर्फ दाल-रोटी भर के ही हो पाओगे, इसमें कोई सम्मान या प्रतिष्ठा नहीं है, तुम लम्बी रेस का घोड़ा बनो, कोई शास्त्रीय नृत्य सीखो, भरतनाट्यम सीखो या कत्थक सीखो।" तब से बिरजू के ज्ञानचक्षु खुल गए हैं और उसने शास्त्रीय नृत्य सीखने के लिए एक स्कूल में एडमिशन ले लिया है। सायंकालीन इस स्कूल में उसे नृत्य की बारीकियाँ बताई गईं और तब उसे यह ज्ञात हुआ कि नृत्य का अपना पूरा शास्त्र है। इसकी एक अलग भाषा है। नृत्य मनुष्य की आदिम प्रवृत्ति है, इसलिए मनुष्य नृत्य

करने का कोई मौका नहीं चूकता है। नृत्य में इस सृष्टि के विराट स्पन्दन का कलात्मक आकलन है, जहाँ देवता और मनुष्य देह और प्रतिमा शब्द का भेद मिट जाता है। नृत्यरत शरीर एक दैवीय सत्ता में परिवर्तित हो जाता है। नृत्य एक सामाजिक कर्म है, एक प्रकार का सामाजिक उद्यम जिसमें हर एक वर्ग अपने अनूठे ढंग से उपस्थित तथा सक्रिय रहता है। नृत्य में संगीत, साहित्य एवं नाटक का मणिकांचन संयोग होता है तथा गीत, लय, ताल और छंद पर विशेष आग्रह होता है। इसमें हस्तकों, मुद्राओं और भंगिमाओं एवं नयन संचालन पर विशेष जोर होता है। नर्तक के खड़े होने का अन्दाज ही उसकी कला की प्रथम अभिव्यक्ति है जो दर्शाता है कि वह कितने पानी में है, वह कितना परिपक्व है। नृत्य में आंगिक मुद्राओं का तो इतना महत्त्व है कि अगर गलती से उँगली का संचालन बदल जाए तो अर्थ का अनर्थ हो सकता है। सुख, दुख, हर्ष, विषाद, उल्लास, ईर्ष्या, क्रोध एवं वितृष्णा आदि की अभिव्यक्ति मुखावृत्तियों द्वारा ही की जाती है। और नेत्र, ये तो कमाल करते हैं। नेत्र का संचालन तो नृत्य की प्राण-वायु है। जटिल मानवीय भावों की अभिव्यक्ति नर्तक द्वारा नेत्रों से ही की जाती है। और अभ्यास, यह तो नृत्य का राजा है, बिना इसके तो एक कदम रखना असम्भव है। अभ्यास के बिना शास्त्र विषम हो जाता है, कुछ का कुछ हो सकता है। कुल मिलाकर यह कहा जा सकता है कि 'देह नृत्य में दीपशिखा की तरह है, निर्धूम-सी खुद को जलाकर दूसरों को रोशन करने वाली।'

यह गुरुजी का पहले दिन का लेक्चर था जिसे उसने टेप किया और शब्द-ब-शब्द याद कर लिया था। गुरुजी के वाक्य उसके मन में उमड़-घुमड़ मचा रहे हैं। अब उसे यह महसूस होने लगा है कि इस तरह सड़क पर डांस करना न सिर्फ निरर्थक बल्कि अपमानजनक भी है।

टेलीविजन के डी.आई.डी. (डांस इंडिया डांस), 'झलक दिखला जा' 'नचबलिए' जैसे डांस रियलिटी शो ने सारे हिन्दुस्तान को अपनी उँगली पर नचा रखा है। बड़े शहरों की कौन कहे, छोटे-छोटे शहरों में मुहल्ले-मुहल्ले में डांस कम्पटीशन होने लगे हैं। एक से एक थीम लेकर लोग आते हैं, मगर इनमें ज्यादातर में पौराणिक आख्यान होते हैं। इन पौराणिक आख्यानों में एक आख्यान है राधा-कृष्ण की रास लीला। इसी थीम पर बिरजू को डांस स्कूल में डांस तैयार करने के लिए कहा गया है। उसके साथ जिस लड़की को रखा गया है उसका नाम 'मालिनी' है, मगर बिरजू उसे राधा कहकर ही बुलाता है।

कार्यक्रम के अनुसार सर्वप्रथम गुरुजी को राधाकृष्ण पर एक छोटा-सा वक्तव्य देना है, जिसे उन्होंने रट लिया है। श्रीकृष्ण और राधा एक ही स्वरूप के दो नाम हैं, दो शरीर एक जान हैं। कृष्ण शब्द हैं, तो राधा अर्थ। कृष्ण गीत हैं तो राधा संगीत। कृष्ण बंसी हैं तो राधा स्वर। बिना राधा के कृष्ण का नाम अधूरा है। राधा-कृष्ण का प्रेम सर्वोच्च कोटि का प्रेम है। वे सिखाते हैं कि अगर आप किसी से प्रेम करते हैं तो उसका सम्मान करना और उसका ध्यान रखना भी जरूरी है। गुरुजी के इस सूक्ष्म परिचय के बाद बिरजू को गीत-गोविन्द के प्रथम श्लोक 'मेघैर्मेदुरमम्बरं...' पर नृत्य करना है जिसका हिन्दी पाठ है "रात गहरी हो आई है, बादल घिर आए हैं, यमुना के किनारे के तमाल वन अन्धकार को दूना कर रहे हैं। कृष्ण इस अन्धकार से डरते हैं। नन्द राधा से कहते हैं, तुम इसे घर पहुँचाओ और राधा कृष्ण को उनके वास्तविक घर पहुँचा देती है। वह घर मुक्त आकाश के नीचे यमुना की रेती के सघन कुंज के बीच ऐसी रससिक्त बालू की जमीन पर है जो अनन्त आनन्द का रस पी सकती है और तब भी प्यासी की प्यासी रह जाती है।" बिरजू को इसी थीम पर नृत्य करना है। कार्यक्रम के अनुसार गुरुजी श्लोक का हिन्दी पाठ करते जाएँगे और उसी पर बिरजू नृत्य करता जाएगा ताकि दर्शकों को सन्दर्भ का बोध बना रहे। गुरुजी को इसका शुद्ध उच्चारण के साथ पाठ करने में कठिनाई हो रही थी। वे 'रससिक्त' शब्द का उच्चारण बार-बार गलत कर रहे थे। पहले उन्होंने इसका रसिक उच्चारण किया, टोकने पर बहुत कोशिश की तो रससिक्त उच्चारण करने लगे। 'रससिक्त' कहने के लिए उनकी जिह्वा को बहुत मशक्कत करनी पड़ी थी। गुरुजी की चलती तो इतने कठिन थीम को कभी भी न उठाते मगर क्या करें, जिन महोदय का डांस स्कूल था वे एक सहृदय व्यक्ति थे और संस्कृत के ज्ञाता थे और उनकी सनक थी कि 'गीत गोविन्द' के श्लोक की थीम पर ही डांस तैयार किया जाए। गुरुजी ने 'गीत-गोविन्द' की अनुपलब्धता की बात की तो उन महोदय ने ही इसे उपलब्ध भी कराया। बिरजू और राधा ने (मालिनी ने) स्कूल में काफी देर तक इसका रिहर्सल किया था जिस कारण बिरजू बहुत थक गया।

"ढिंका चिका, ढिंका चिका, ढिंका चिका, हे, हे, हे, बारह महीने में बारह तरीके से, तुमको प्यार जताऊँगी मैं..."

"ढम्म, ढम्मए ढम, ढम, ढमाढम"

"पी. पी. पी..."

डांस इंडिया डांस

बरात लगने में अभी देर थी मगर बैंड पार्टी ने बैंड बजाना शुरू कर दिया ताकि लोग एकत्रित होना शुरू करें। बैंड बज रहा था, मगर कोई तवज्जो नहीं दे रहा था क्योंकि घुड़चड़ी की रस्म हो रही थी। पंडित जी बड़े इत्मीनान से पूजा करा रहे थे। एक-एक रस्म पूरे विधि-विधान के साथ करा रहे थे। नवयुवकों में बेचैनी हो रही थी, किसी ने पीछे से टोका, "पंडित जी, जल्दी खत्म करिए अपना बुढ़िया पुराण।"

"बेटवा, आज तो बुढ़िया पुराण ही चलिहै। घबराओ न, तुम्हारी शादी में नइकी बहू का पुराण ही चलेगा," पंडित जी ने छूटते ही कहा।

पंडित जी के इशारे पर बरात का मालिक बैंड मास्टर पर बिगड़ पड़ा, "का जल्दी मचाए हो, धैर्य रखो दुन्द न काटो मास्टर, तुम्हें भी मौका मिलेगा।" बैंड मास्टर ने बैंड बन्द कर दिया। उसे मौका अच्छा लगा, पेशाब के बहाने वह थोड़ी दूर गया और जेब से देशी का पाउच निकालकर जल्दी-जल्दी गटका और फिर आकर सबमें शामिल हो गया। जब से बिरजू बैंड पार्टी में शामिल हुआ है, पिता होने के कारण बैंड मास्टर उसका लिहाज करते हैं और उससे छिपाकर शराब पीते हैं, मगर पीते जरूर हैं। बैंड मास्टर का कहना है कि बिना पिए 'रिदम' नहीं बनता।

साफ लग रहा था बरात किसी नव-धनाढ्य की है जिसमें बेईमानी से कमाए गए धन का भद्दा प्रदर्शन साफ झलक रहा था। पूजा खत्म होते ही नौजवान सड़क पर कूद पड़े और लगे डांस करने। इनमें से ज्यादातर सिर्फ यूँ ही उलटे-सीधे हाथ-पैर फेंक रहे थे। उनके डांस में कोई तालमेल नहीं बैठ रहा था। मगर कुछ लोग वाकई अच्छा डांस कर रहे थे और उनके स्टेप सही पड़ रहे थे। सभी बैंड मास्टर से अपनी पसन्द का गाना बजाने की फरमाइश करने लगे। कोई कहता 'गंदी बात' बजाओ, कोई कहता 'नागिन' वाला गाना बजाओ, कोई कहता 'अँखियों से गोली मारे' बजाओ, मगर बैंड मास्टर ने सबसे पहले पारम्परिक भजन 'ओम जय जगदीश हरे स्वामी जय जगदीश हरे' बजाया। इस भजन को बैंड मास्टर बहुत डूबकर बजाते हैं, लोग कहते हैं कि मास्टर जब अपनी तरंग में होते हैं और फिर इस गाने को बजाते हैं तो कमाल कर देते हैं, वह हरि प्रसाद चौरसिया की याद दिलाते हैं। हरि प्रसाद चौरसिया की तरह जब वह ओम जय जगदीश हरे को तानकर तारसप्तक तक ले जाते और ठीक उसके बाद खटका, मुरकी का काम करते हैं तो लोग वाह-वाह कह उठते हैं।

भजन बजाने के बाद बैंड मास्टर सीधे 'यह देश है वीर जवानों का अलबेलों का मस्तानों का, इस देश का यारों क्या कहना' बजाने लगे। बिरजू को आज तक यह समझ नहीं आया कि लोग शादी में इस गाने को क्यों बजाते हैं। शायद ही कोई शादी ऐसी होती हो जिसमें ये गाना न बजाया जाता हो। शादी का वीरता से क्या रिश्ता है, कहीं प्रकारान्तर से यह तो नहीं कहा जाता कि शादी करना एक वीरता का काम है या शादी कोई वीर पुरुष ही कर सकता है। इस गाने पर सब डांस कर रहे थे, मगर बिरजू एक कोने में खड़ा था। उसे रह-रहकर राधा (मालिनी) की याद आ रही थी। बिरजू और राधा को शहर में होने वाले क्वार्टर फाइनल कम्पटीशन में हिस्सा लेना था। सुबह बिरजू ने उसके साथ खूब जमकर डांस किया। उसकी निकटता की खुमारी और सुबह किए गए डांस की थकान के कारण वह डांस में शरीक नहीं हुआ।

इधर देखते-देखते यह हुआ है कि पैसों का लोभ और विदेश यात्रा की चकाचौंध ने कला की दुनिया को गैर-प्रासंगिक बना दिया है।...यहीं हमसे चूक होती है और हम छीजते जाते हैं। परम्परा उचित-अनुचित के भेद न रहने से लुप्त हो गई है, गुरुजी के इन वाक्यों को वह बड़ी शिद्दत के साथ याद करता है। गुरुजी इस तरह से सड़क पर डांस करने को अप-संस्कृति का बढ़ता प्रभाव मानते हैं। इसीलिए उसे इस तरह सड़क डांस करना बहुत भोंड़ापन लगता है, मगर क्या करे वह? यही उसकी रोजी-रोटी है।

बिरजू को खाली खड़ा देखकर बैंड मास्टर उसे बुलाकर एक कोने में ले गए और उसके कान ऐंठते हुए कहा, "चोद्दे-हीरो की तरह हाथ पर हाथ धरे क्यों खड़ा है, डांस क्यों नहीं कर रहा है, डांस नहीं करेगा तो कमाई कैसे होगी?" बिरजू ने तरेरकर बैंड मास्टर की तरफ देखा, एकबारगी उसके मन में आया कि वह पसड़ (फैल) जाए, मगर मौके की नजाकत देखकर वह चुप लगा गया। उसके ऐसा करने पर बरात में रायता फैल सकता है और यह उसके परिवार की सेहत के लिए ठीक नहीं, उसने मन ही मन कहा।

बिली-निली बिरजू भी डांस में शामिल हो गया। बिरजू के उतरते ही सबने उसके लिए मैदान खाली कर दिया, क्योंकि सबको पता था कि बिरजू के आगे कोई नहीं टिक पाएगा। बिरजू के उतरते ही डांस में नई जान आ गई। दूल्हे के भाइयों और दोस्तों में बिरजू के साथ डांस करने की होड़-सी लग गई, सभी उसके साथ डांस करने के लिए एक-दूसरे को धकियाने लगे। देखते ही देखते

महिलाएँ भी डांस में शामिल हो गईं। महिलाओं के शामिल होते ही डांस में कुछ देर के लिए अफरा-तफरी सी मच गई। नोट न्योछावर होने लगे। लोग नोटों को अपने होंठों से दबाकर डांस करने लगे। डांस मास्टर उनके करीब जाकर डांस करते और मौका पाते ही मुँह से नोट खींच लेते। पार्टी चीकट थी, दस-दस रुपये न्योछावर कर रही थी। दरअसल डांस करने वालों और डांस मास्टर के बीच अन्दरखाने रस्साकसी चल रही थी, डांस पार्टी कम से कम पैसे में डांस का ज्यादा से ज्यादा मजा लेना चाह रही थी और डांस मास्टर डांस से ज्यादा से ज्यादा पैसा खींच लेना चाहते थे। बिरजू को अपने पिता की क्रूरता पर गुस्सा और अपनी असहायता पर तरस आ रहा था। कई लोग किनारे हो गए ताकि डांस करती महिलाओं को ताक सकें। डांस करते समय महिलाओं का शरीर उघड़ जाता है उतना किसी पार्न में भी नहीं होता। बदन उघाड़कर डांस करती महिलाओं को देखकर बिरजू बुदबुदाया, "यहाँ से मुश्किल से दस कि.मी. की दूरी पर गाँवों में प्रेम करने पर प्रेमी-युगल का वध कर दिया जाता है। औरतों के इस तरह से भँड़ैती और नंगेपन में शामिल होने में उन्हें आपत्ति नहीं होती मगर यदि प्रेमी-युगल शालीन ढंग से प्रेम करें तो इन्हें बुरा लगता है।"

"ये कौन?" एक वृद्ध सज्जन के डांस में शामिल होते ही फुसफुसाहट-सी हुई।

"लड़के के बाबा हैं," कई स्वर एक साथ उभरे।

'यानी कि अब मेरी कम से कम घंटे भर की दलेल और होगी, बुढ़ऊ खुद तो शायद पाँच मिनट ही डांस करेंगे, मगर इन्हें पकड़-पकड़कर दूसरे लोग घंटों डांस करेंगे, लगता है, मेरी तो जान ही निकल जाएगी,' बिरजू बुदबुदाया।

लड़के के बाबा के मैदान में उतर आने पर बैंड मास्टर बहुत प्रफुल्लित हुआ, क्योंकि हर आदमी अपनी हैसियत और रिश्तेदारी के लिहाज से उनके ऊपर नोटें न्योछावर कर रहा था, लड़के की माँ ने तो तुरन्त एक हजार रुपये का न्योछावर किया। जैसे-जैसे रुपये न्योछावर हो रहे थे, वैसे-वैसे बैंड मास्टर के चेहरे की रंगत बदलती जा रही थी और वे दुगुने उत्साह से बजाते और बिरजू को भी उकसाते जाते। बिरजू बहुत थक चुका था, वह थोड़ा आराम चाहता, मगर उसे चैन कहाँ था।

मध्यम कद के थुल-थुल से व्यक्ति के पार्टी में शरीक होते ही पार्टी में एक नया जोश आ गया, क्योंकि यह थुल-थुल व्यक्ति लड़के का पिता था। अब लोग दस रुपये की जगह सौ-सौ रुपये न्योछावर कर रहे थे, हाँ, यह जरूर कोशिश

कर रहे थे कि थुल-थुल व्यक्ति उन्हें न्योछावर करते हुए देखे जरूर। थुल-थुल व्यक्ति किसी सरकारी दफ्तर में बड़ा अफसर था और उसके मातहत पूरी तरह से उसकी चापलूसी में लगे हुए थे।

'अब तो आज यहाँ से मेरी अरथी ही उठेगी,' बिरजू बुदबुदाया और मानो कफन पहनकर पूरी गति के साथ डांस करने लगा। उसने अपने को अब पूरी तरह से भगवान भरोसे छोड़ दिया। डांस करते-करते वह सड़क पर लोट गया, कि उसे एक जोर सा झटका लगा, लोग चिल्ला रहे थे, "भागो, पकड़ो, मारो, भागने न पाए," झटका लगने के कारण बिरजू बेहोश हो गया।

बिरजू को जब होश आया तो उसकी माँ सामने बैठी थी, बिरजू को होश में आया देखकर वह मारे खुशी के रोने लगी। रोते हुए उसने कहा, "बेटा, भगवान की दया रही कि तू बच गया, वर्ना एक्सीडेंट तो बहुत बुरा हुआ, गाड़ी का ब्रेक फेल हो गया था, कितनी बार मैंने कहा कि भीड़भाड़ वाली सड़क पर इस तरह डांस न किया करो, मगर तुम्हारे पिता मानें तब न, नाश होये उनके लालच का।"

"अम्मा, एक्सीडेंट ने तो मुझे बचा लिया, नहीं तो बाबू तो हमें नचा-नचा कर मार डालते," बिरजू इतना कहकर माँ की ओर एकटक देखने लगा, माँ का चेहरा तमतमा रहा था।